中等职业教育

改革创新

系列教材

农村电商
运营

慕课版

陈刚 江洪建

主编

冷玉芳 莫丽梅 李翔
蓝莹

副主编

人民邮电出版社

北京

图书在版编目（CIP）数据

农村电商运营 : 慕课版 / 陈刚，江洪建主编. --
北京 : 人民邮电出版社，2023.1
中等职业教育改革创新系列教材
ISBN 978-7-115-60370-8

Ⅰ. ①农… Ⅱ. ①陈… ②江… Ⅲ. ①农村－电子商
务－商业经营－中国－中等专业学校－教材 Ⅳ.
①F713.365.2

中国版本图书馆CIP数据核字(2022)第207035号

内 容 提 要

本书针对农村电商岗位，从农村电商企业推广的实际需求出发，详细地介绍了农村电商的相关知识与运营技能，内容包括读懂农村电商政策、了解农产品并选品、开展网店运营、试水微信营销、开展短视频与直播营销、打造农产品电商品牌、踏上农村电商未来之路等。

本书内容丰富、结构清晰、实操性强。本书可以作为中等职业学校电子商务、网络营销、新媒体营销等专业相关课程的教材，也可供农村电商从业人员学习和参考。

◆ 主　　编　陈　刚　江洪建
　　副 主 编　冷玉芳　莫丽梅　李　翔　蓝　莹
　　责任编辑　侯潇雨
　　责任印制　王　郁　彭志环
◆ 人民邮电出版社出版发行　　北京市丰台区成寿寺路 11 号
　　邮编　100164　　电子邮件　315@ptpress.com.cn
　　网址　https://www.ptpress.com.cn
　　固安县铭成印刷有限公司印刷
◆ 开本：787×1092　1/16
　　印张：12.5　　　　　　　　　2023 年 1 月第 1 版
　　字数：218 千字　　　　　　　2023 年 1 月河北第 1 次印刷

定价：42.00 元
读者服务热线：(010)81055256　印装质量热线：(010)81055316
反盗版热线：(010)81055315
广告经营许可证：京东市监广登字 20170147 号

前　言

　　党的二十大报告提出"实施科教兴国战略"，为培养更多技能型人才，提升中等职业教育电子商务专业教学质量，我们从中职学生未来从事农村电商的工作岗位出发，编写了本书。本书采用理论和实践相结合的形式，重视对学生创新意识和创新能力的培养，以期为中职学生未来成为农村电商技能型人才提供理论知识与实践技能指导。本书具有以下特点。

　　1．情境代入，生动有趣

　　本书以果农"巧妹"为主人公，介绍了其从初识农村电商，到开展网店运营、微信营销、短视频与直播营销，再到打造农产品电商品牌、探索创新农村电商模式的农村电商运营全过程。全书通过创设人物生活、工作中的情境引入各项目教学主题，并将主题贯穿于任务实施的全过程，让读者充分了解开展农村电商所需的相关知识和操作技能。

　　2．任务明确，步骤清晰

　　本书每个项目都通过"学习目标"栏目给出具体的目标，然后明确为实现目标需要完成的任务。每个任务通过"任务描述"明确实施任务的原因，再通过"任务实施"中的各项活动完成任务。

　　3．小栏目丰富，培养综合能力

　　本书在小栏目设计上注重培养读者的思考能力、动手能力和素养，努力做到"学思用贯通"与"知信行统一"。正文中穿插的一些特色小栏目如下。

- **知识窗**。重点讲解理论知识，丰富读者所学内容。
- **经验之谈**。对书中知识进行说明、补充和拓展，以扩宽读者的知识面。
- **素养小课堂**。融入先进技术、前沿知识、文化传承、职业道德等元素，与素养目标相呼应，加强对农村电商人才的素质培养。
- **动手做**。加强和巩固读者所学知识，锻炼读者的自主学习能力和问题解决能力。

　　4．配套丰富，资源同步

　　扫描右侧二维码可观看本书慕课视频。本书提供PPT、课程标准、精美视频、答案、题库等教学资源，读者可登录人

扫码看视频

邮教育社区网站（www.ryjiaoyu.com）免费下载使用。

本书由陈刚、江洪建担任主编，由冷玉芳、莫丽梅、李翔、蓝莹担任副主编，同时参与本书编写工作的还有秦清梅、陈娜那、莫永宁、班欣、宁菁、梁梅珍、卢从县、苏杨媚、陆琪琪、赵阳蕾、李佳玲、唐荣、黄坤忠。由于编者水平有限，书中难免存在疏漏和不足之处，欢迎广大读者批评指正。

编者

2023年1月

CONTENTS 目 录

项目一

开启农村电商之旅

情境创设

天微微泛白，村子里已炊烟袅袅，农妇们用一双巧手开始了一天忙碌的工作。巧妹正是这普通农妇中的一员，然而她面带愁容，心想："今天是收果的日子，定是要忙活到很晚。白天摘好的果子装篮后便可运送到批发市场，为了能卖高一些的价格，得在凌晨一点前运送到批发市场。若是超过五六点，那肯定只能卖便宜的价格了。"

可是，大山里的村民，除了等待收购商，还能怎么办呢？巧妹的迷茫也是很多人进入农村电商领域之前的迷茫。人们把农村电商想得太难，对电商知识知之甚少，不知道到哪里可以找到需要的资料。为了把果子卖到更广阔的市场，巧妹下决心成为一名电商创业者，开展农村电商运营，通过国家、地方政府网站，农业信息网站，电商平台等获取农村电商政策信息，了解农产品的基本知识，迈出农村电商的第一步。

学习目标

知识目标
1. 熟悉农村电商政策。
2. 熟悉农产品及选品知识。

技能目标
1. 能够通过互联网查找、分析农村电商政策等资料。
2. 能够根据自身情况完成农产品选品。

素质目标
1. 守住从业底线，遵守农村电商行业规范。
2. 努力学习，掌握更多的电商知识与技能。

任务一　读懂农村电商政策

任务描述

　　近年来，我国政府出台了大量涉及农村电商的政策，大力扶持农村电商，对促进农村电商的发展起到了决定性的作用。为了读懂农村电商政策，巧妹决定从两个方面入手：了解国家层面政策和地方政府政策。

任务实施

活动1　了解国家层面政策

　　为了解国家层面政策，巧妹通过中国政府网和中华人民共和国财政部（简称"财政部"）、中华人民共和国商务部（简称"商务部"）、中华人民共和国国家发展和改革委员会（简称"国家发展改革委"）、中华人民共和国工业和信息化部（简称"工业和信息化部"）、中华人民共和国农业农村部（简称"农业农村部"）等国家政府部门的官方网站搜索并查看了相关政策。

　　其中，2022年2月发布的中央一号文件（即《中共中央　国务院关于做好2022年全面推进乡村振兴重点工作的意见》）对农村电商工作做出了总体安排，集中体现在3个方面，进一步为农村电商的发展指明了方向。

　　（1）持续推进农村一二三产业融合发展。鼓励各地拓展农业多种功能、挖掘乡村多元价值，重点发展农产品加工、乡村休闲旅游、农村电商等产业。

（2）加强县域商业体系建设。实施县域商业建设行动，促进农村消费扩容提质升级；加快农村物流快递网点布局，实施"快递进村"工程，鼓励发展"多站合一"的乡镇客货邮综合服务站、"一点多能"的村级寄递物流综合服务点，推进县乡村物流共同配送，促进农村客货邮融合发展；支持大型流通企业以县城和中心镇为重点下沉供应链；加快实施"互联网+"农产品出村进城工程，推动建立长期稳定的产销对接关系；推动冷链物流服务网络向农村延伸，整县推进农产品产地仓储保鲜冷链物流设施建设，促进合作联营、成网配套；支持供销合作社开展县域流通服务网络建设提升行动，建设县域集采集配中心。

（3）大力推进数字乡村建设。推进智慧农业发展，促进信息技术与农机农艺融合应用；加强农民数字素养与技能培训；拓展农业农村大数据应用场景；加强农村信息基础设施建设。

2022年上半年有关农村电商的重要政策还有《2022年数字乡村发展工作要点》和《关于开展2022年农业现代化示范区创建工作的通知》，主要内容如表1-1所示。

表1-1　2022年上半年有关农村电商的重要政策

发布时间	发布单位	政策名称	主要内容
2022年4月	中央网信办、农业农村部、国家发展改革委、工业和信息化部、国家乡村振兴局	《2022年数字乡村发展工作要点》	明确了工作目标：到2022年年底，数字乡村建设取得新的更大进展。数字技术有力支撑农业基本盘更加稳固，脱贫攻坚成果进一步夯实。乡村数字基础设施建设持续推进，5G网络实现重点乡镇和部分重点行政村覆盖，农村地区互联网普及率超过60%。乡村数字经济加速发展，农业生产信息化水平稳步提升，农产品电商网络零售额突破4300亿元。乡村数字化治理体系不断完善，信息惠民服务持续深化，农民数字素养与技能有效提升，数字乡村试点建设初见成效
2022年4月	农业农村部、财政部、国家发展改革委	《关于开展2022年农业现代化示范区创建工作的通知》	创建任务：2022年，分区分类创建100个左右农业现代化示范区。聚集"两个要害"，强化现代农业基础支撑。聚焦农业多种功能和乡村多元价值，做优乡村特色产业。围绕拓展农业多种功能、挖掘乡村多元价值，重点发展农产品加工、乡村休闲旅游、农村电商等产业。聚焦产业集聚发展，打造现代农业园区载体。聚焦农业生产"三品一标"，推动农业全面绿色转型。聚焦信息技术与农机农艺融合，推进智慧农业发展

另外，商务部、财政部等部门于 2021 年 6 月发布的《关于加强县域商业体系建设促进农村消费的意见》指出，"十四五"时期，实施"县域商业建设行动"，建立完善县域统筹、以县城为中心、乡镇为重点、村为基础的农村商业体系。到 2025 年，在具备条件的地区，基本实现县县有连锁商超和物流配送中心、乡镇有商贸中心、村村通快递，年均新增农村网商（店）100 万家，培育 30 个国家级农产品产地专业市场，经营农产品的公益性市场地市级覆盖率从 40% 提高到 60%。

📝 **素养小课堂**

2022年中央一号文件首次提出促进农产品直播带货规范健康发展。回顾2021年的农产品直播电商，在继续快速发展的同时，也存在一些不容忽视的不规范现象。农产品直播带货虽然总量不大，但对乡村发展、农民增收、消费者权益保障和政府公信力维护等均有重要意义，推动规范发展势在必行。农村电商从业人员必须守住从业底线，走好今后的农产品直播带货之路。

👤 活动2 了解地方政府政策

县域农村电商如果能够获得当地政府的政策资源和背书，发展必然能够事半功倍。开展农村电商，除了需要了解本地政府落实国家政策的程度外，还要了解本地政府是否出台了针对本地实际情况的农村电商政策。巧妹所在地为广西灵山县，为此，她要了解广西壮族自治区人民政府和灵山县人民政府出台的促进农村电商发展的相关政策。

第一步 查看省政府政策

巧妹将通过访问广西壮族自治区人民政府门户网站查看农村电商政策，具体操作如下。

步骤 01 打开广西壮族自治区人民政府门户网站，在搜索框中输入"农村电商"，单击 🔍搜索 按钮，在打开的页面中单击"文件"选项卡，然后在"年份"栏中单击"2022"超链接，筛选搜索结果，如图1-1所示。

步骤 02 在搜索结果页面中查看2022年发布的文件，单击文件标题超链接，如图1-2所示。

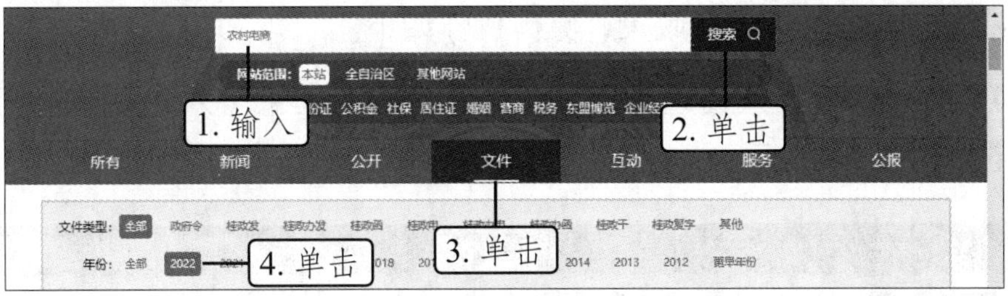

农村电商
搜索
网站范围：本站 全自治区 其他网站
1. 输入
2. 单击
所有 新闻 公开 文件 互动 服务 公报
文件类型：全部 政府令 桂政发 桂政办发 桂政函 其他
年份：全部 2022 2014 2013 2012 更早年份
3. 单击
4. 单击

图1-1　搜索“农村电商”政策文件

2022年桂政办文件 广西壮族自治区人民政府办公厅关于印发2022年广西优化营商环境行动方案的通知（桂政办发〔2022〕40号）
索引号：11450000007565768W/2022-223333
主题名称：2022年桂政办文件
发布单位：广西壮族自治区人民政府办公厅
发文日期：2022-06-22
发文字号：桂政办发〔2022〕40号
效力状态：有效
自治区人民政府门户 2022-06-22
2022年桂政办文件 广西壮族自治区人民政府办公厅关于印发广西推进水果产业高质量发展实施方案的通知（桂政办发〔2022〕41号）
索引号：11450000007565768W/2022-225021
主题名称：2022年桂政办文件
发布单位：广西壮族自治区人民政府办公厅
发文日期：2022-06-23
发文字号：桂政办发〔2022〕41号
效力状态：有效
单击

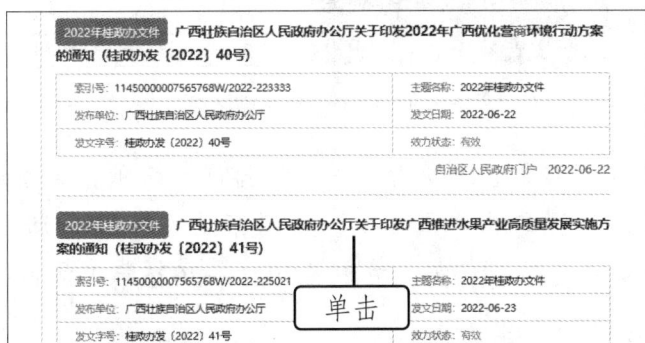

图1-2　单击文件标题超链接

步骤 03 在打开的页面中查看政策内容，如图1-3所示。

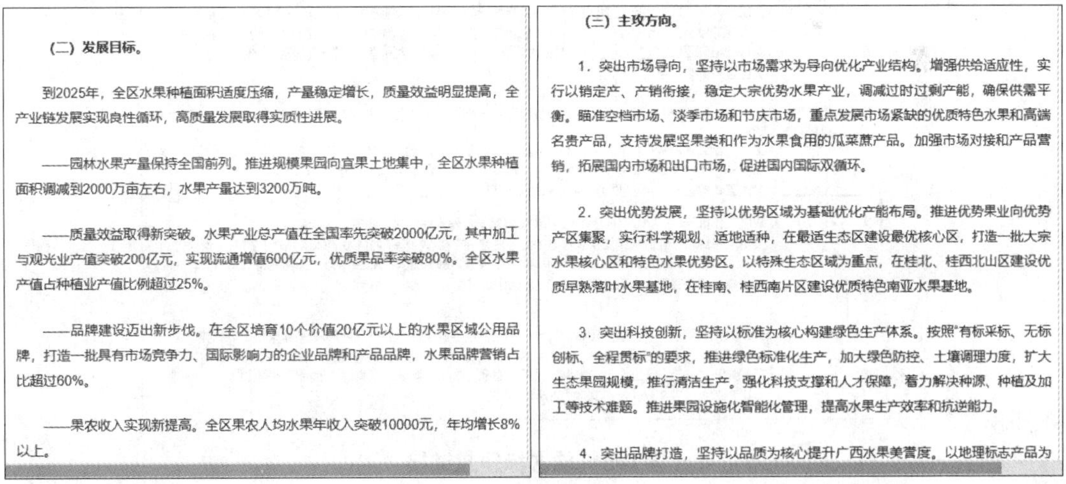

（二）发展目标。
到2025年，全区水果种植面积适度压缩，产量稳定增长，质量效益明显提高，全产业链发展实现良性循环，高质量发展取得实质性进展。
——园林水果产量保持全国前列。推进规模果园向宜果土地集中，全区水果种植面积调减到2000万亩左右，水果产量达到3200万吨。
——质量效益取得新突破。水果产业总产值在全国率先突破2000亿元，其中加工与观光业产值突破200亿元，实现流通增值600亿元，优质果品率突破80%。全区水果产值占种植业产值比例超过25%。
——品牌建设迈出新步伐。在全区培育10个价值20亿元以上的水果区域公用品牌，打造一批具有市场竞争力、国际影响力的企业品牌和产品品牌，水果品牌营销占比超过60%。
——果农收入实现新提高。全区果农人均水果年收入突破10000元，年均增长8%以上。
（三）主攻方向。
1. 突出市场导向，坚持以市场需求为导向优化产业结构。增强供给适应性，实行以销定产、产销衔接，稳定大宗优势水果产业，调减过时过剩产能，确保供需平衡。瞄准空档市场、淡季市场和节庆市场，重点发展市场紧缺的优质特色水果和高端名贵产品，支持发展坚果类和作为水果食用的瓜菜蔗产品。加强市场对接和产品营销，拓展国内市场和出口市场，促进国内国际双循环。
2. 突出优势发展，坚持以优势区域为基础优化产能布局。推进优势果业向优势产区集聚，实行科学规划、适地适种，在最适生态区建设最优核心区，打造一批大宗水果核心区和特色水果优势区。以特殊生态区域为重点，在桂北、桂西北山区建设优质早熟落叶水果基地，在桂南、桂西南片区建设优质特色南亚水果基地。
3. 突出科技创新，坚持以标准为核心构建绿色生产体系。按照"有标采标、无标创标、全程贯标"的要求，推进绿色标准化生产，加大绿色防控、土壤调理力度，扩大生态果园规模，推行清洁生产。强化科技支撑和人才保障，着力解决种源、种植及加工等技术难题。推进果园设施化智能化管理，提高水果生产效率和抗逆能力。
4. 突出品牌打造，坚持以品质为核心提升广西水果美誉度。以地理标志产品为

图1-3　查看政策内容

第二步　查看县政府政策

每个地方都有独特的经济特点，针对本地实际情况出台的农村电商政策也各有不同。因此，巧妹还要重点关注本县政策，她将通过访问灵山县人民政府

门户网站查看相关农村电商政策，具体操作如下。

步骤 01 打开灵山县人民政府门户网站，在搜索框中输入"农村电商"，单击 🔍 按钮，如图1-4所示。

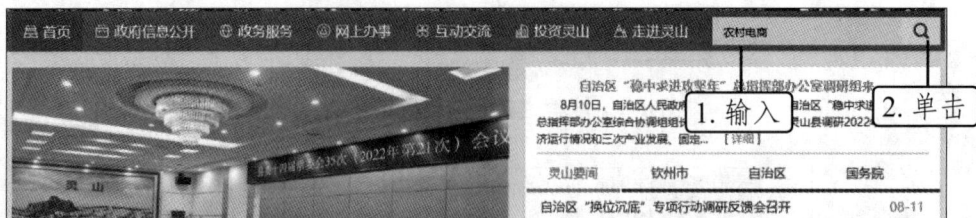

图1-4 搜索农村电商政策

步骤 02 在搜索结果页面左侧选择"按时间排序"选项，查看近期政策信息，单击标题超链接，这里单击"灵山县人民政府办公室关于印发灵山县加强县域商业体系建设促进农村消费实施方案（2021—2025年）的通知"超链接，如图1-5所示。

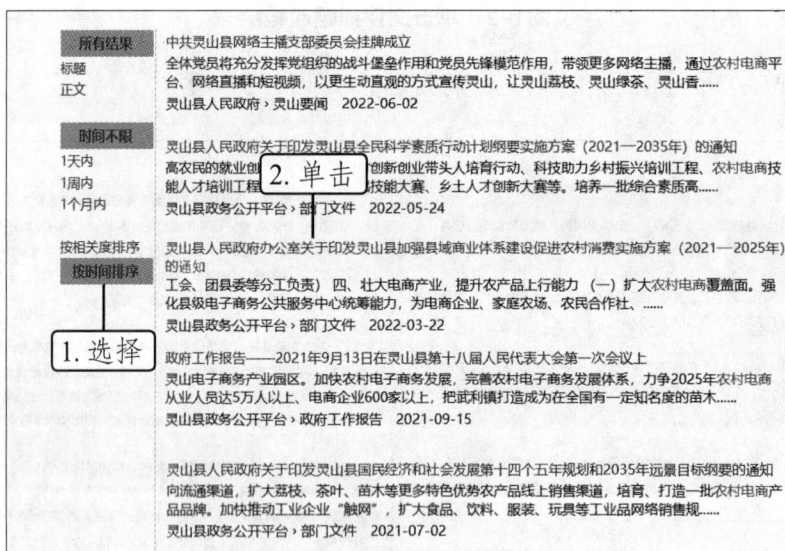

图1-5 单击标题超链接

步骤 03 在打开的页面中查看政策内容，如图1-6所示。该政策明确县域商业体系建设的发展目标为"到2025年，建成区域级的流通节点县级城市，全县镇级商贸综合体（服务中心）覆盖率100%，区域性仓储物流集散中心覆盖率70%，县域公益性农产品批发市场覆盖70%。培育3～5家农产品供应链核心链主企业，生鲜农产品冷链流通率超过40%，快递村村通覆盖率100%……"。

> (三)发展目标
>
> "十四五"期间,通过深入实施"县域商业体系建设行动",到2025年,建成区域级的流通节点县级城市,全县镇级商贸综合体(服务中心)覆盖率100%,区域性仓储物流集散中心覆盖率70%,县域公益性农产品批发市场覆盖70%,培育3~5家农产品供应链核心链主企业,生鲜农产品冷链流通率超过40%,快递村村通覆盖率100%,县镇村商贸物流骨干基地—物流园区—分拨中心—配送网点四级流通功能布局体系基本建成。全县县、镇、村三级商业流通基础设施建设更加完善,城乡互通更加顺畅,商品流通更加高效,业态更加丰富,基本形成以县城为中心、各镇(街道为重点、村为基础的农村商业体系发展格局。

图1-6 查看政策内容

步骤04 继续查看《灵山县国民经济和社会发展第十四个五年规划和2035年远景目标纲要》文件,该文件确定了灵山县的发展定位为广西现代特色农业强县,并指出加快推进"三区三园一体"建设,打好"3+2"(荔枝之乡、名茶之乡、奶水牛之乡、果苗和鱼苗产业)特色农业品牌,形成多个产业链条,全面提升产业价值,真正把灵山从广西农业大县打造成广西现代特色农业强县,如图1-7所示。这些信息对巧妹今后开展农村电商运营、塑造农产品品牌具有指导意义。

> **第三节 发展定位**
>
> 依托灵山自身的区位优势、特色产业和发展机遇等多方面因素,确立"强县·名城·新基地"[6]新定位、新坐标,指引"十四五"时期灵山经济社会高质量发展。
>
> ——**广西现代特色农业强县**。加快推进"三区三园一体"建设,打好"3+2"(荔枝之乡、名茶之乡、奶水牛之乡、果苗和鱼苗产业)特色农业品牌,形成多个产业链条,全面提升产业价值,真正把灵山从广西农业大县打造成广西现代特色农业强县。

图1-7 查看发展定位

国家和地方政府对农村电商的大力支持,不仅代表当地农村电商具备良好的发展前景,指出了将来当地农村电商发展的方向,还能解决农村电商发展过程中遇到的物流、产业链等企业层面无法解决的问题。了解政策方向,把握政策内容,遵循政策指引,方能跟上农村电商的发展浪潮,在经营过程中获取政策红利与政府背书,并将其转换为竞争优势。

📋 **经验之谈**

很多省/区以及县一级政府都有农村电商人才培养专项资金,这些资金用于开展农村电商的各类培训。农村电商经营者应把握机会,尽可能多参与相关知识技能的培训。另外,农村电商经营者还可以申领就业技能培训补贴、创业培训补贴和创业补贴等。这些信息也可以通过当地的政府门户网站搜索查看。

📖 **动手做**

了解本地的农村电商政策

请同学们通过访问自己家乡的政府门户网站，了解当地农村电商政策，将相关内容填写至表1-2。

表1-2 当地农村电商政策

政策方向	主要内容
农村电商未来发展规划	
农村电商创业补助政策	
农村电商人才培训政策	

任务二 了解农产品并选品

任务描述

随着农村电商的兴起，网上销售的农产品品类越来越丰富。为使自己所售的农产品脱颖而出，巧妹了解了农产品的相关知识，如农产品的分类、标识等，然后在此基础上进行农产品选品。

任务实施

👤 活动1 了解农产品

农产品是指农业活动中生产出来的物品，如高粱、稻谷、花生、玉米、小麦以及各个地区的土特产等。

第一步 了解农产品的分类

按照加工程度划分，农产品可分为初级农产品和加工农产品（因同一种农产品在不同加工程度均有市场，故初级农产品和加工农产品可能重复）。

（1）初级农产品。初级农产品是指未经过加工的农产品，主要来自种植业、畜牧业和渔业。初级农产品共分为11个大类。

• 烟叶。各种烟草的叶片经过加工制成的产品，因加工方法不同，可分为晒烟叶、晾烟叶和烤烟叶。

• 毛茶。从茶树上采摘下来的鲜叶和嫩芽（即茶青），经吹干、揉拌、发酵、烘干等工序制成的茶。

• 食用菌。自然生长和人工培植的食用菌，包括鲜货、干货。

• 瓜、果、蔬菜。自然生长和人工培植的瓜、果、蔬菜，包括农业生产者将自己种植、采摘的产品连续进行简单加工的瓜、果干品和腌渍品（以瓜、果、蔬菜为原料的蜜饯除外）。

• 花卉、苗木。自然生长和人工培植并保持天然生长状态的花卉、苗木。

• 药材。自然生长和人工培植的药材，不包括中药材或中成药生产企业经过切、炒、烘、焙、熏、蒸、包装等工序处理的加工品。

• 粮油作物。小麦、稻谷、大豆、杂粮（含玉米、绿豆、蚕豆、豌豆、荞麦、大麦、青稞、燕麦、高粱等）、鲜山芋、山芋干、花生果、花生仁、芝麻、菜籽、棉籽、葵花籽、蓖麻籽、棕榈籽和其他籽。

• 牲畜、禽、兽、昆虫、爬虫、两栖动物类。牛皮、猪皮、羊皮等动物的生皮；牲畜、禽、兽毛；活禽、活畜、活虫、两栖动物，如生猪、菜牛、菜羊、牛蛙等；光禽和鲜蛋；动物自身或附属产生的产品，如蚕茧、燕窝、鹿茸、牛黄、蜂乳、麝香、鲜奶等；除上述动物以外的其他陆生动物。

• 水产品。淡水产品，海水产品，滩涂养殖产品，以及农业生产者捕捞收获后连续进行简单冷冻、腌制和自然风干的制品等。

• 林业产品。原木，原竹，原木、原竹下脚料，生漆、天然树脂，以及除上述以外的其他林业副产品。

• 其他植物。棉花，麻，柳条，席草，蔺草，等等。

上述所列农产品应包括种子、种苗、树苗、竹秧、种畜、种禽、种蛋、水产品的苗或种（秧）、食用菌的菌种、花籽等。

（2）加工农产品。加工农产品是指经过一定加工环节才能食用、使用或储存的加工品，如食用油、冷冻肉、饲料等。加工农产品可以分为粮油、果蔬及花卉、林产品、畜禽产品、水产品和其他农副产品6类。

• 粮油。粮油是对谷类、豆类等粮食和油料及其加工成品、半成品的统称。粮食作物的种子、果实以及块根、块茎及其加工产品统称为粮食。油料是油脂制取工业的原料，油脂工业通常将含油率高于10%的植物性原料称为油料，包括向日葵、芝麻、花生、大豆、油菜籽等。

• 果蔬及花卉。果蔬及花卉包括果品、蔬菜和花卉。果品分为鲜果、干果、瓜类及其加工品；蔬菜分为根菜类蔬菜、茎菜类蔬菜、叶菜类蔬菜、果菜类蔬菜、花菜类蔬菜和食用菌类蔬菜；花卉分为人工修剪、培育过的观赏用花卉、香料用花卉、熏茶用花卉、医药用花卉、环境保护用花卉和食品用花卉。

• 林产品。林产品是指林木产品、林副产品、林区农产品、木制品、木工艺品、竹藤制品、森林食品、林化工产品，以及与森林资源相关的产品。

• 畜禽产品。畜禽产品主要指肉、乳、蛋、脂、禽及其初加工产品。

• 水产品。水产品是海洋和淡水渔业生产的水产动植物产品及其加工产品的总称，包括捕捞和养殖的鲜活品，以及经过冷冻、腌制、熏制、熟制、干制、罐装和综合利用的加工产品。

• 其他农副产品。其他农副产品主要指除农产品的粮油、果蔬及花卉、林产品、畜禽产品、水产品等主产品外的产品，如茶叶、蜂蜜、棉花、麻、蚕茧、干菜和调味品等。

第二步　了解农产品标识

我国的农产品标识主要有无公害农产品、绿色农产品、有机农产品、名优农产品和农产品地理标志的标识。

（1）无公害农产品。无公害农产品是指产地环境、生产技术符合国家相关规定，有害物质控制在安全允许范围内，并通过有关部门授权审定批准，允许使用无公害农产品标识的未经加工的或初加工的可食用农产品。无公害农产品是我国对食品安全的最低标准。图1-8所示为无公害农产品的标识。

（2）绿色农产品。绿色农产品是指遵循可持续发展原则，按照特定生产方式生产，经国家特定机构认可，准许使用绿色食品标识的无污染、安全、优质、营养类农产品，如绿色水稻、绿色蔬菜、绿色水果、绿色水产品等。相比无公害农产品，绿色农产品的安全程度更高。图1-9所示为绿色农产品的标识。我国将绿色农产品的等级分为A级和AA级。其中，A级为初级标准，即允许在生长过程中限时、限量、限品种使用安全性较高的化学合成生产资料；AA级为高级绿色农产品，要求在生产过程中不使用化学合成的肥料、农药、兽药、饲料添加剂、食品添加剂和其他对环境及健康有害的物质。

（3）有机农产品。有机农产品是指按照有机农业原则和有机农产品生产方式及标准生产、加工出来的，已通过有机食品认证机构认证的纯天然、无污染、高品质、高质量、安全营养的高级食品。图1-10所示为有机农产品的标识。有机农产品的安全程度较高，受到一些高收入、追求高质量生活水平的人士喜欢。

（4）名优农产品。名优农产品是指由农业生产者自愿申请，经有关地方部门初步审核，再由权威机构根据相关规定程序，认定的具有一定生产规模、经济效益，且质量好、市场占有率高，已经发展成为当地农村经济主导产业的，有品牌和明确标识的农产品。

（5）农产品地理标志。农产品地理标志是指标示农产品来源于特定地域，产品品质和相关特征主要取决于自然生态环境和历史人文因素，并以地域名称冠名的特有农产品标志。农产品地理标志标示农产品"产自特定地域、彰显独特品质"。图 1-11 所示为农产品地理标志的标识。

图1-8　无公害农产品的标识　　图1-9　绿色农产品的标识

图1-10　有机农产品的标识　　图1-11　农产品地理标志的标识

活动2　进行农产品选品

选品是一项非常重要的工作，因为不是所有的农产品都适合在网上销售。在选品时，巧妹首先需要确定农产品选品的基本方向，再综合考虑农产品的地方特色、品质、运输及储存、供应等因素。

第一步　确定农产品选品的基本方向

农产品选品的第一个方向是产品聚焦，即主推某一种或某几种农产品，通过单品的大体量分摊物流与包装成本，最大限度地降低损耗。这对农产品的品质和营销策划的要求较高，农产品必须具有比较明显的卖点才有可能成为热门商品。此外，农产品属于周期性上市产品，在货源空档期，商家还需提前安排替代农产品。

农产品选品的第二个方向是多元化布局。所谓多元化布局，就是选定一批优质农产品上架。例如，主打某地特产，就上架当地所有特产，然后根据市场表现定期筛选、淘汰，并不断上架新品。这样选品品类全，但成本投入高。

作为新手商家，巧妹将主推某一种或某几种农产品作为自己的选品方向。作为土生土长的果农，巧妹决定主推生鲜水果。

第二步 综合考虑各种因素

明确农产品选品的基本方向后，巧妹将综合考虑农产品的地方特色、品质、运输及储存、供应等因素，并结合自身情况选品。

（1）选择地方特色农产品。"橘生淮南则为橘，生于淮北则为枳"，不同的地理环境、气候条件会造就不同的农产品，并形成一大特色，如烟台苹果、章丘大葱、东阿阿胶、西湖龙井等。商家如果能在当地找到具有一定知名度和很强地方特色的农产品，就可以考虑将其纳入选品范围。这样的农产品具有可信度高、易被消费者接受的特点，不仅能提高销售转化率，还可以节省推广费用。巧妹所在的灵山县素有"中国荔枝之乡"的美誉，灵山县特色水果首推荔枝，其次是龙眼，此外还有杨梅、杧果（俗称芒果，以下均作"芒果"）等。

> 💡**经验之谈**
>
> 特产在当地人看来不足为奇，但是一旦进入电商市场可能就会引起出乎意料的反响。商家可以挖掘本地特产，选出具有代表性的农产品进行包装打造，并将其作为发展农村电商的一块"敲门砖"。

（2）选择品质农产品。食品安全是消费者十分关心的问题，为了打消消费者的顾虑，商家在选品时应做好品质把关。商家可选择具备无公害农产品、绿色农产品、有机农产品、名优农产品或农产品地理标志标识的农产品，这些农产品是政府认证的安全优质农产品，是当前和今后一个时期农产品生产消费的主导产品。例如，灵山荔枝即为农产品地理标志产品。

（3）选择易于运输及储存的农产品。农产品的特殊之处在于其对物流时限要求很高。农产品易腐坏，若短期内无法快速售出，将会给商家带来巨大的压力。因此，商家在选品时应尽量选择保鲜期较长、不易破损、便于运输的农产品。通常情况下，多数生鲜水果能适应 1～3 天的物流时限，但部分水果更适合电商销售，例如，皇帝柑（见图1-12）对比砂糖橘（见图1-13），皇帝柑的果皮较为坚实，从物流角度来说，皇帝柑更适合电商销售。除此之外，储存也是个问题。站在果农的角度，如果水果储存时限短，当电商销路不好时，就要寻找收购商收购，价格可能会被压低，如果市场行情不好，损失就会更大；站在消费者的角度，如果水果储存时限不长，当消费者收到货时，水果已经损坏、腐烂，消费者自然就不会再购买了，而且这也会影响商家的信誉。

图1-12 皇帝柑

图1-13 砂糖橘

经验之谈

对于运输及储存要求较严格的农产品，商家想要保障农产品的安全与完整，可增加额外的防护措施，但会导致成本增加。另外，初创期的商家可选择干货类农产品，相对于生鲜产品，在品质、包装、运输与售后多个环节中更容易把控。

（4）选择能稳定供应的农产品。开展农村电商运营，保证货源是关键。农产品上线后最大的问题往往是供应链问题，一旦市场接受度高，交易订单量大幅增长，农产品的后续供应就会面临很大的考验。农产品不同于工业消费品，农产品的生产条件复杂、生产周期长，而且农村生产条件有限，因此商家在选品时应重点关注生产条件要求相对较低、生产周期相对较短、能保证大量供应的农产品。商家最好依托家庭农场、种养大户、专业合作社、企业等农业生产组织，整合各类农业资源，保证货源稳定。稳定的货源和质量保障是农村电商良性发展的根本。就巧妹而言，现阶段自己的果园和本地果农即可满足供货需求。

经验之谈

对于初创期的商家而言，农产品的消费群体也是一大考虑因素。如果商家选择的农产品过于小众，市场需求量不大，就很难带来流量和交易。当然，如果商家实力雄厚，具有较强的营销推广能力，就可以将一些小众农产品加以包装推向市场，向消费者普及该类农产品，创造出新的市场需求，如近年来逐渐成为热门农产品的牛油果、余甘果等。

生鲜水果属于周期性上市产品，巧妹首推荔枝、龙眼、杨梅、芒果这几款特色水果，同时在货源空档期，还安排了耐储存和运输的其他具有一定知名度的本地特色水果，基本保证一年四季都有水果在线销售。为此，巧妹制作了水果选品表，列出在电商平台销售的水果及其上市时间，如表1-3所示。

表1-3 水果选品表

序号	水果	上市时间	序号	水果	上市时间
1	沃柑	1—4月	6	百香果	7—11月
2	杨梅	3—5月	7	柿子	9—11月
3	荔枝	5—7月	8	皇帝柑	11月至次年2月
4	芒果	6—8月	9	甘蔗	11月至次年3月
5	龙眼	7—8月			

📋 **经验之谈**

一些商家首先通过运营内容积累粉丝，然后再销售农产品。这种情况下，商家可根据粉丝群体的特征选品。例如，粉丝群体主要是一二线城市白领，消费能力较强，可销售高端农产品；粉丝群体主要是普通大众，消费能力一般，可销售大众化农产品。

📝 **素养小课堂**

近几年，农村电商蓬勃发展，成为推动乡村产业兴旺的主力军和乡村振兴的新引擎。随着政策就位、市场成熟、数字技术发展以及大量人才返乡，农村电商迈入"天时地利人和"的历史机遇期，迎来全面井喷的"黄金时代"。同时，农村电商是一个对操作性和实践性要求较高的领域，对于农村电商团队来说，懂得电商知识，能够从事电商运营操作的实践型人才是稀缺的。可以说，农村电商大有可为，农村电商经营者要努力学习，掌握更多的电商知识与技能，以期在农村电商、乡村振兴领域发光发热。

同步实训　进行农产品多元化布局

📋 **实训描述**

巧妹在开展农村电商时，以多元化布局作为农产品选品的基本方向，主打灵山本地特产，除水果外，还包括其他特色农产品。本实训要求同学们通过收集整理资料，制作一个灵山本地特色农产品列表，作为巧妹的选品依据。

操作指南

一是通过本地政府门户网站获取相关资料，二是通过百度搜索引擎、微信搜索、今日头条等获取相关资料，三是通过电商平台获取相关资料。一般来说，政府门户网站和电商平台的资料较少，但信息真实可靠；而通过百度搜索引擎、微信搜索和今日头条可获得丰富的资料，但是真实性需要结合内容发布者、资料来源等进行多方对比核实。

（1）通过政府门户网站获取资料。打开灵山县人民政府门户网站，在导航栏中单击"走进灵山"超链接，再在打开的页面中单击"土特名产"按钮，如图1-14所示。在打开的页面中可查看灵山土特名产列表，如图1-15所示。单击特产名称超链接可查看特产详情介绍，如图1-16所示。

图1-14 单击"土特名产"按钮

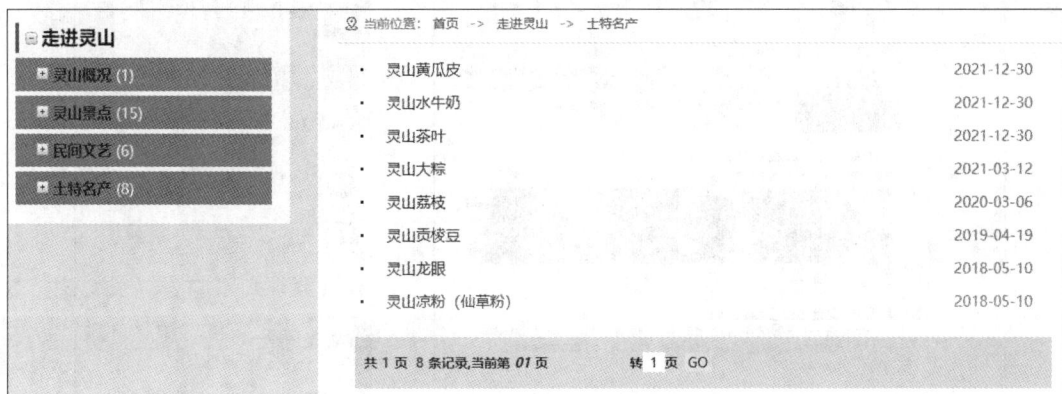

图1-15 查看灵山土特名产列表

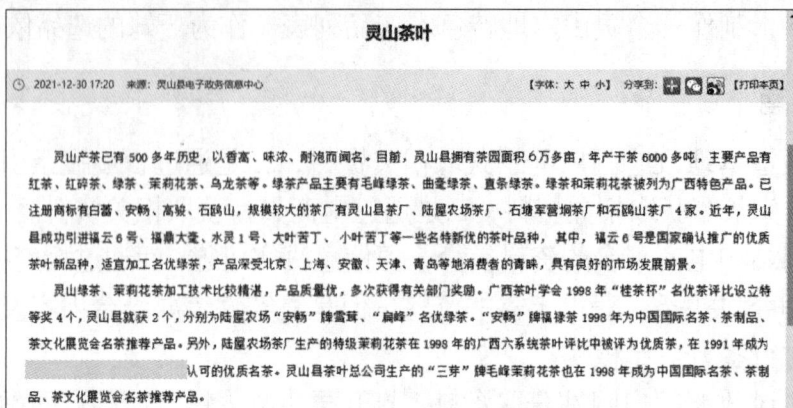

图1-16　查看特产详情介绍

（2）通过百度搜索引擎、微信搜索和今日头条获取资料。

• 通过百度搜索引擎获取资料。打开百度搜索引擎，以"广西灵山特产"（或"灵山特色美食"）为关键词进行搜索，如图 1-17 所示，在搜索结果页面中浏览并选择与灵山特产相关的资料，收集并整理可用资料。

• 通过微信搜索获取资料。打开微信 App，点击右上角的"搜索"按钮 🔍，如图 1-18 所示，打开微信搜索界面，以"广西灵山特产"（或"灵山特色美食"）为关键词进行搜索，如图 1-19 所示，在搜索结果页面中浏览并选择与灵山特产相关的资料，收集并整理可用资料。

图1-17　通过百度搜索引擎查找资料

图1-18　点击"搜索"按钮

• 通过今日头条获取资料。打开今日头条 App，以"广西灵山特产"（或"灵山特色美食"）为关键词进行搜索，如图 1-20 所示，在搜索结果页面中浏览并选择与灵山特产相关的资料，收集并整理可用资料。

图1-19　通过微信搜索查找资料　　　图1-20　通过今日头条查找资料

考虑农产品的品质、运输及储存因素，制作"灵山本地特色产品列表"，如表 1-4 所示。

表 1-4　灵山本地特色产品列表

序号	分类	特色产品
1	新鲜水果	沃柑、杨梅、荔枝、龙眼、芒果、百香果、柿子、皇帝柑、甘蔗
2	特色美食	灵山大粽、芝麻饼（沙坪镇的薯蓉芝麻饼最为出名）、武利牛巴（武利是地名，即灵山武利镇）、黄瓜皮、宇峰凉粉（宇峰是品牌名，属名优农产品）、冬蓉月饼、酸沙梨、荔枝干、荔枝饼、荔枝果脯
3	茶水佳酿	红茶、茉莉花茶、红碎茶、绿茶、乌龙茶（其中红茶、茉莉花茶被列为广西特色产品）；荔枝醋（属饮料）、荔枝蜜、荔枝干白、荔枝烧酒

💬 **实训评价**

同学们完成实训操作后，提交实训报告，老师根据实训报告内容，按表1-5所示的内容评分。

表1-5　实训评价

序号	评分内容	总分	老师评分	老师点评
1	是否掌握各种搜索查找资料的方法	30		
2	是否收集整理出可靠、有效的资料	30		
3	灵山本地特色产品列表选品是否合理	40		

总分：＿＿＿＿＿＿＿＿

项目总结

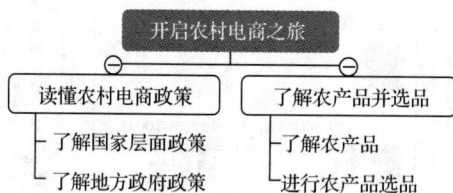

开启农村电商之旅
- 读懂农村电商政策
  - 了解国家层面政策
  - 了解地方政府政策
- 了解农产品并选品
  - 了解农产品
  - 进行农产品选品

项目二

开展网店运营

　　望着硕果累累的果园，巧妹内心欣喜，知道辛苦没有白费，今年的水果大丰收。了解过农村电商的相关知识后，巧妹不想再完全依赖收购商上门收购，决定主动出击，在现有的大型电商平台注册账号，建立一个属于自己的网店，通过开展网店运营在线销售农产品。

　　与开设实体店相比，由于网上开店不需要租赁房屋，也不需要组建订货、支付系统，因此开展网店运营是巧妹目前切入农村电商创业增收的主要途径。然而，能够开设网店的电商平台有很多，每个电商平台都有其特点，为此，巧妹需要结合自身条件和特点选择适合的电商平台，并借助电商平台的流量、资源和服务推广并销售农产品。

学习目标

知识目标

1. 掌握开设网店的流程。
2. 熟悉在网店中发布农产品的流程。
3. 掌握装修网店的方法。
4. 掌握推广网店的方法。

技能目标

1. 能够根据开店需求选择合适的开店平台。
2. 能够自主开通网店。
3. 能够整理农产品信息并提炼卖点。
4. 能够制作农产品主图与详情页。
5. 能够完成 PC 网店装修和手机网店装修。
6. 学会使用各种推广工具推广网店。

素质目标

1. 要实事求是，不能无中生有，杜绝虚假宣传。
2. 不销售过期、失效、变质、掺假、以假充真、以次充好的商品。

任务一 开设网店

任务描述

作为新手商家，巧妹希望在流量大、知名度高的电商平台开设网店。因此，她将淘宝、京东和拼多多作为初选平台，通过收集整理资料，比较这些平台各自的特点和入驻条件，最终选择一个支持个人身份开店、功能完善、操作简便、投入成本相对较低的电商平台，进而开展农村电商网店运营，循序渐进地寻求发展机会。

任务实施

活动1 选择开店平台

为了找到允许个人开店并得到更多运营支持的平台，巧妹进入淘宝、京东和拼多多这 3 个平台的官方网站，总结分析了它们各自的特点与入驻条件，如表 2-1 所示。

表 2-1 淘宝、京东、拼多多的特点与入驻条件

平台	特点	入驻条件
淘宝	淘宝创建于 2003 年，是国内成立较早、影响力较大的综合电商平台，商品品类齐全，而且提供大量运营工具。近几年，淘宝逐渐重视农村电商发展，市场前景广阔	淘宝支持个人开店和企业开店，开店流程简洁。个人开店适用于个人、个体工商户，提供个人身份证、个人支付宝即可；企业开店适用于企业/个体工商户/事业单位/社会团体等，提供营业执照、企业支付宝等资料即可。淘宝开店需要商家至少缴存 1000 元的保证金，目前不收取销售佣金扣点
京东	京东创建于 2004 年，由自营起家，随后开放平台，允许第三方商家入驻，丰富商品品类，发展为国内影响力较大的综合电商平台。京东自建物流体系，送货快、专业。目前，京东在农村电商领域发展迅速	在京东上开店需要具有企业资质，开店流程较烦琐，审核较严格，保证金、平台使用费和销售佣金扣点按不同类目收取不同的费用。京东适合有一定资金和品牌实力、想长久做好品牌的企业入驻
拼多多	拼多多是国内主流的移动购物平台，于 2015 年正式上线，主打社交拼团购物，其创建时间虽比淘宝和京东晚，但操作简单、商品价格便宜，发展较快，是电商平台中的后起之秀，高性价比的商品在平台很受欢迎。目前，拼多多也在向农村电商领域发力	拼多多支持开设个人店和企业店，开店操作较简单。个人店适合个人或个体工商户，提供个人身份证等即可开店；企业店适合企业，提供营业执照等资料即可开店。拼多多开店需要商家至少缴存 1000 元基础网店保证金，目前不收取销售佣金扣点

巧妹要开设个人网店，对比淘宝、京东、拼多多后，首先排除了京东，因为京东开店要求商家具备企业资质，审核更严格。而淘宝和拼多多都支持开设个人网店且入驻条件基本相同，但相比于拼多多，淘宝的运营时间更长，商家服务更完善，是个体农户进入电商并打造品牌的较好选择。巧妹最终决定在淘宝开设个人网店。

经验之谈

个人店虽然开通成本较低，开通便捷，但会因缺乏品牌力而只能获得相对较低的消费者信任感。因此，当商家的个人店取得稳定的发展，有充足的资金支持后，可将个人店升级转型为企业店，或者选择更适合企业和品牌发展的平台开展网店运营。

👤 活动2　申请开通网店

　　淘宝个人店的开店流程很简单，即登录/注册淘宝个人账号→支付宝实名认证→实人认证→填写网店基础信息。由于巧妹已经注册了淘宝账号，进行了支付宝实名认证，还作为消费者在淘宝购买过商品，所以，她现在可以利用已有的淘宝账号申请开通个人网店，只需要进行实人认证和填写网店基础信息即可。巧妹将店铺名称起名为"巧妹百果园"。

　　巧妹申请开通淘宝个人网店的具体操作如下。

步骤 01 登录淘宝，将鼠标指针移到上方导航栏中的"卖家中心"选项上，在打开的列表中选择"免费开店"选项，如图2-1所示。

步骤 02 打开千牛商家工作台首页，在"淘宝开店"栏中单击 (0元开店) 按钮，如图2-2所示。

图2-1　选择"免费开店"选项

图2-2　单击"0元开店"按钮

步骤 03 打开"新商家开店"页面，单击 (个人开店) 按钮，如图2-3所示。

步骤 04 打开"个人开店"对话框，单击 (已准备好，并始开店) 按钮，如图2-4所示。

图2-3　单击"个人开店"按钮

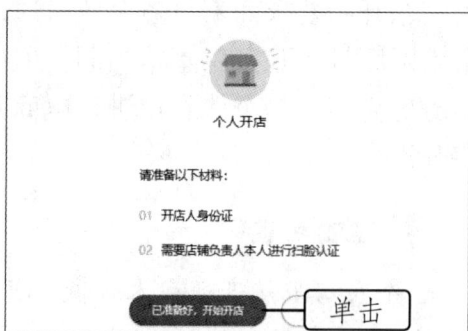

图2-4　开始开店

步骤 05 打开"个人开店"页面，在"店铺名称"文本框中输入"巧妹百果园"，选中"已阅读并同意以下协议淘宝网卖家服务协议……"复选框，单击按钮，如图2-5所示。

步骤 06 打开"开店认证"页面，在"主体信息登记"栏中单击 去填写 按钮，如图2-6所示。

图2-5　设置店铺名称并同意协议

图2-6　单击"去填写"按钮

步骤 07 在打开的"淘宝网开店认证授权说明"对话框中单击 同意授权，去填写 按钮，打开"信息采集"页面，在"个人证件图"栏中上传个人身份证正反面图片，在"经营地址"栏中设置经营地址，个人姓名等信息已在支付宝认证，核对信息即可，单击 确认提交 按钮，如图2-7所示。

步骤 08 主体登记信息提交成功后，打开淘宝App，使用"扫一扫"功能扫描"实人认证"栏中的二维码，如图2-8所示，并根据提示进行人脸识别认证。

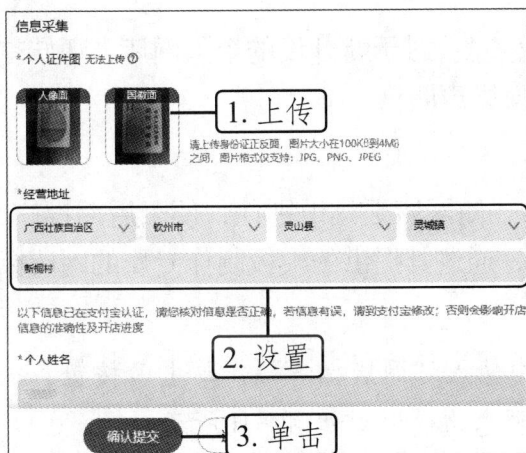

图2-7　信息采集

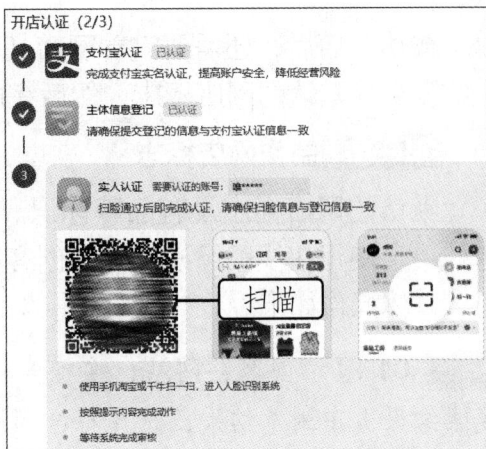

图2-8　扫描"实人认证"栏中的二维码

步骤 09 人脸识别认证通过后，千牛商家工作台首页显示"恭喜您开店成功"，如图2-9所示。

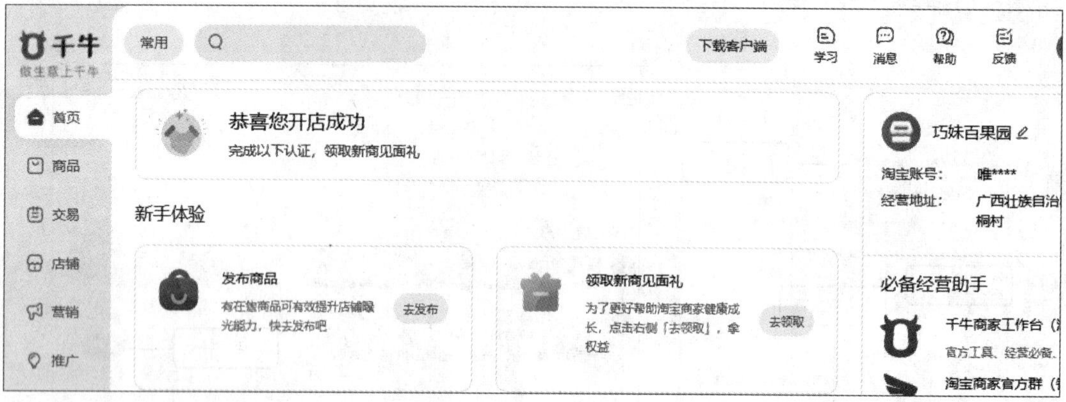

图2-9 开店成功

> **经验之谈**
>
> 千牛商家工作台是运营网店的重要工具。网店运营的所有工作都可以通过千牛商家工作台进行，其页面左侧包括"商品""交易""店铺""营销""推广"等选项，分别用于商品发布管理、订单及物流管理、网店装修管理、营销活动设置及管理、网店推广等。商家也可以下载千牛商家工作台的客户端千牛App，通过千牛App随时随地管理商品、网店，与消费者沟通等。

活动3 完善网店基础信息

成功开店后，还需要完善网店基础信息。对于新开设的个人网店，巧妹首先需要更换默认的网店标志，然后完成卖家声明。

第一步 制作网店标志

默认的网店标志没有品牌标识。为了使网店更具识别性，便于后期推广，巧妹决定使用在线图像设计工具创客贴，通过其提供的模板制作专属的网店标志，具体操作如下。

步骤 01 登录创客贴网站，在搜索框中输入"网店标志"，单击 🔍 按钮，在搜索结果页中浏览结果，选择符合品牌理念的模板，如图2-10所示。

图2-10 搜索并选择网店标志模板

步骤 02 打开图片编辑窗口，双击标题文本框，进入编辑状态，如图2-11所示。

步骤 03 将默认标题修改为"巧妹百果园"，选择标题文本框，在工具栏的字体下拉列表中选择"站酷快乐体（新）"选项，更改字体；选择包含英文字母的文本框，按【Delete】键删除，效果如图2-12所示。适当调整标题文本框的位置、图片的大小和位置。

图2-11 双击标题文本框

图2-12 修改文本内容并设置字体

步骤 04 完成网店标志设计后，单击右上角的 下载 按钮右侧的下拉按钮，在打开的列表中选择"下载到电脑"选项。

步骤 05 打开"下载作品"对话框，在"文件类型"下拉列表中选择"PNG"选项，单击 下载 按钮，如图2-13所示，即可下载网店标志（配套资源：\效果\项目二\网店标志.png）。

图2-13　下载网店标志

📂 **经验之谈**

　　通常，市面上的在线图像设计工具部分功能需要付费，为了简化操作、提高工作效率，商家可以根据情况考虑注册为付费会员，从而获得更多模板和功能权限。此外，商家也可以使用美图秀秀、Photoshop等图像处理软件自行设计网店标志。美图秀秀简单易上手，除了基本的图片编辑操作，还提供很多的设计元素和美化元素，可以快速制作出各种效果的图片；Photoshop功能强大，除了基本的图片编辑操作，还可以修补、修饰图片，并设计出很多特殊效果，在平面设计领域的应用较为广泛，但设计复杂的图片效果，需要商家具备一定的专业基础。

💡 **知识窗**

　　一些农户在销售农产品时并没有品牌的概念，这让消费者对农产品的信任感不强。因此，商家在开设网店之初就应树立品牌意识，如设计网店标志，加深消费者对商家和网店的印象，逐步打造农产品品牌。如何打造农产品品牌，本书将在项目五进行具体介绍。

💡 **知识窗**

第二步　设置网店基础信息

　　制作网店标志后，巧妹要将网店标志上传到网店中，更换默认的网店标志。根据有关规定，网络交易经营者应当办理营业执照并"亮照"公示，或进行免登声明，所以巧妹在更换网店标志后还要完成卖家声明，具体操作如下。

步骤 01 登录淘宝，单击导航栏中的"卖家中心"超链接。打开千牛商家工作台首页，在左侧选择"店铺"选项，在"店铺管理"栏中单击"店铺信息"超链接，打开"店铺信息"页面，单击右上角的"编辑信息"超链接，如图2-14所示。

图2-14 单击"编辑信息"超链接

步骤 02 打开"基础信息"页面，将鼠标指针移到"店铺标志"栏的图片上，先单击弹出的圙按钮，删除默认的图片后，再单击"上传图片"按钮，如图2-15所示。

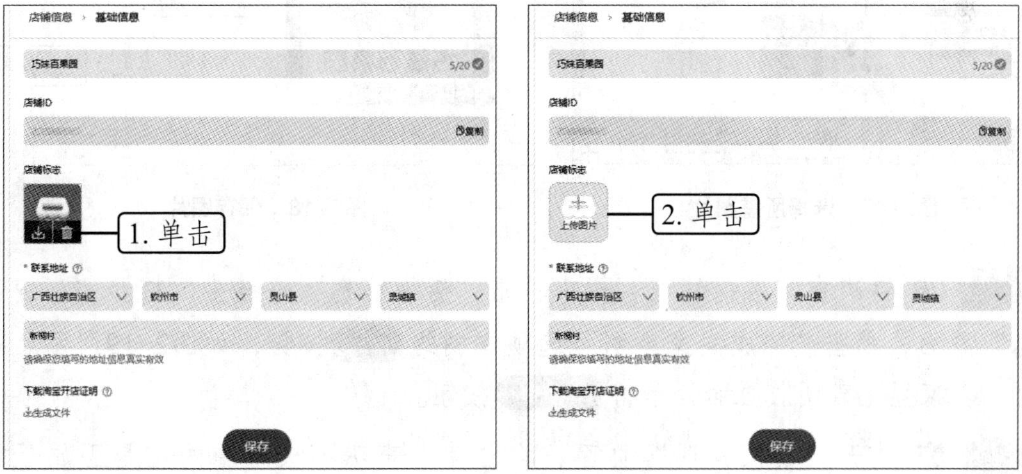

图2-15 删除默认的图片后选择上传

步骤 03 打开"选择图片"对话框，依次单击 上传图片 、 上传 按钮，如图2-16所示。

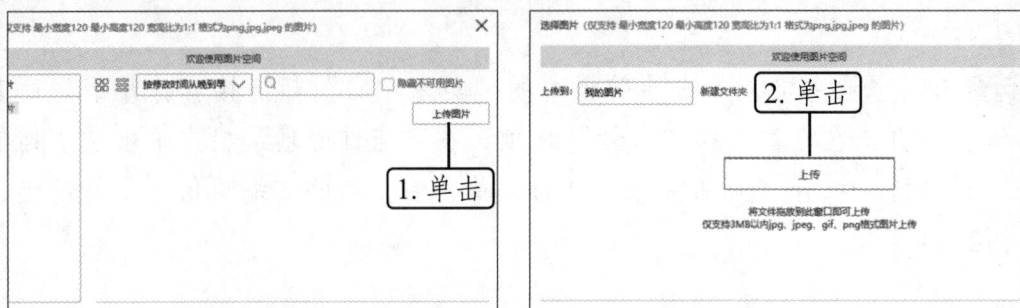

图2-16　上传图片

步骤 04 打开"打开"对话框，选择网店标志图片（配套资源：\素材\项目二\网店标志.png），单击 打开(O) 按钮，如图2-17所示。

步骤 05 返回"选择图片"对话框，移动图片四周的控制点裁剪图片，单击 保存 按钮，如图2-18所示，完成网店标志图片的上传。返回"基础信息"页面，单击 保存 按钮，完成网店标志图片的更换。

图2-17　选择所需图片

图2-18　保存图片

步骤 06 再次在"店铺管理"栏中单击"店铺信息"超链接，打开"店铺信息"页面，单击"完成卖家声明"选项右侧的 去完成 按钮，如图2-19所示。打开"卖家登记声明"页面，单击 免登声明 按钮。

步骤 07 打开"卖家声明"页面，在"免登声明"板块中的"是否属于零星小额交易"栏中默认选中"不属于"单选项，在"经营活动类型"栏中选中"个人销售自产农副产品，依法不需要办理市场主体登记"复选框，单击 确认提交 按钮，如图2-20所示，完成免登声明。

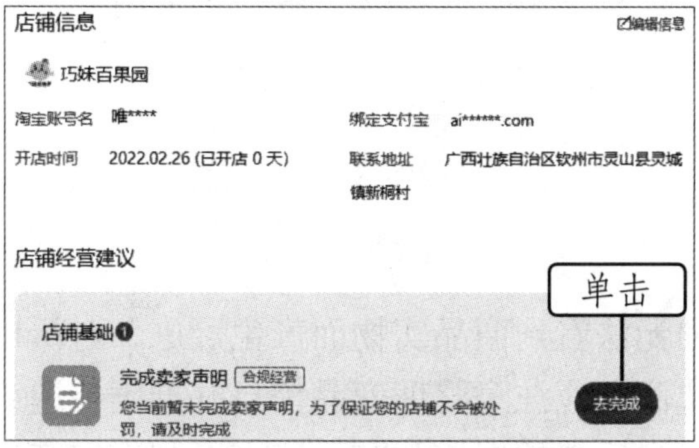

图2-19 单击"去完成"按钮

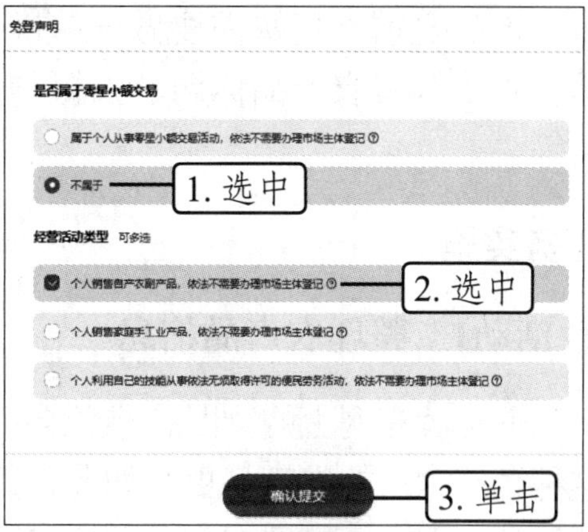

图2-20 提交免登声明

📋 经验之谈

开设个人网店，属于零星小额交易（年交易额累计不超过10万元），或者个人销售自产农副产品、家庭手工业产品及从事依法无须取得市场主体登记的便民劳务活动时，直接进行免登声明即可。

💡 知识窗

通常，通过电商平台开设网店需要向平台缴纳保证金，这是平台保护消费者权益的一项举措。在淘宝上，开店后可暂时不缴纳保证金，待产生订单后再缴纳保证金，具体操作方法如下：打开千牛商家工作台首页，在左侧选择"店铺/保证金"选项，打开"保证金"页面，根据提示充值缴纳保证金即可，保证金根据商品经营类目不同而有所不同。如果未缴纳保证金，网店订单交易成功后的资金将被冻结15天：若未出现消费者维权申诉情况，资金将于15天后解冻；若足额补缴保证金，订单冻结资金将陆续解冻。

💡 知识窗

任务二 发布农产品

任务描述

发布农产品是指将农产品信息上传至网店中。完善网店基础信息后，巧妹准备发布农产品，她决定将果园中的沃柑作为网店的首款主推商品。在发布农产品之前，巧妹需要做一些准备工作，包括整理农产品信息、提炼农产品卖点、编写农产品标题、拍摄与美化农产品图片、制作农产品主图和详情页等。

任务实施

活动1　整理农产品信息

消费者在网上购物时，难免会因为无法看到商品实物而产生疑虑，对沃柑这种直接食用的农产品更是如此，因此商家应注意整理商品信息并准确传递给消费者。同时，整理农产品信息也可以为后续的提炼农产品卖点、制作农产品主图和详情页等工作提供参考依据。

巧妹在整理沃柑的相关信息时，首先罗列信息类目，然后根据信息类目归类整理信息。

第一步　罗列农产品信息类目

通常，消费者了解一款农产品，会查看农产品的品牌、名称、产地、材质、规格、功能、用途、包装、认证证书等信息。巧妹结合沃柑的特点和自身的经营状况，罗列出沃柑的名称、产地、规格、包装、口感、适宜人群、储存方式和储存时长。

第二步　归类整理农产品信息

巧妹罗列出沃柑的信息类目后，根据信息类目归类整理出沃柑的具体信息，如表 2-2 所示。

表 2-2　归类整理的沃柑信息

信息类目	信息描述
名称	沃柑
产地	广西灵山县
规格	5 斤，中 / 大果；9 斤，中 / 大果
包装	箱装，泡沫填充空隙
口感	皮薄多汁，美味香甜
适宜人群	老少皆宜
储存方式	常温
储存时长	最佳食用时间不超过 7 天

经营状况和农产品不同，需要给消费者展示的信息也就不同，如有品牌的农产品应提供品牌名，加工农产品还应提供生产日期、保质期、产品成分、食用/使用方法等信息。

👤 活动2　提炼农产品卖点

卖点是指商品十分突出的特点或亮点，如独特的外观、口感，领先的工艺等。商家在向消费者传递商品信息时，可突出商品卖点，达到快速吸引消费者的目的。巧妹准备先挖掘沃柑的卖点，然后结合消费者的评价信息提炼并描述卖点。

第一步　使用九宫格思考法挖掘农产品的卖点

如何提炼农产品卖点？巧妹通过网络搜索相关方法后，决定使用九宫格思考法挖掘本款沃柑的卖点：首先绘制一个正方形，然后将其分割成九宫格，并在中间方格内填上农产品名称"沃柑"；然后在其他8个方格内依次填写有助于农产品推广、销售的优点，如图2-21所示。

农家种植	自然培育	新鲜采摘
营养丰富	**沃柑**	皮薄多汁
肉质嫩滑	口感香甜	易剥皮分瓣

图2-21　使用九宫格思考法挖掘沃柑的卖点

九宫格思考法是一种利用九宫格矩阵图发散思考，产生创意的简单方法。利用九宫格思考法挖掘商品卖点时，尽量将周围8个方格的内容扩充完整，并使用简明的关键词描述卖点。若是对商品的想法很多或者某个优点还可以延伸，可以多画几个九宫格，再去粗取精。

📥动手做

挖掘某款茶叶的卖点

现有一款茶叶，采摘自海拔600米以上的高山。每日较长的日照时间、适宜的温度与湿度，让每一个茶芽都天然纯净，富含丰富的营养成分。请使用九宫格思考法挖掘该款茶叶的卖点。

第二步 结合消费者的评价信息提炼并描述卖点

巧妹在淘宝上查看了消费者购买沃柑后的评价信息，她发现消费者给出好评的原因是果子新鲜和皮薄多汁、果汁香甜，如图2-22所示。此外，果子容易剥皮，适合小孩、老人食用，也是一些消费者购买沃柑的原因。而果子不新鲜、干瘪、太酸则是一些消费者给出差评的重要原因。

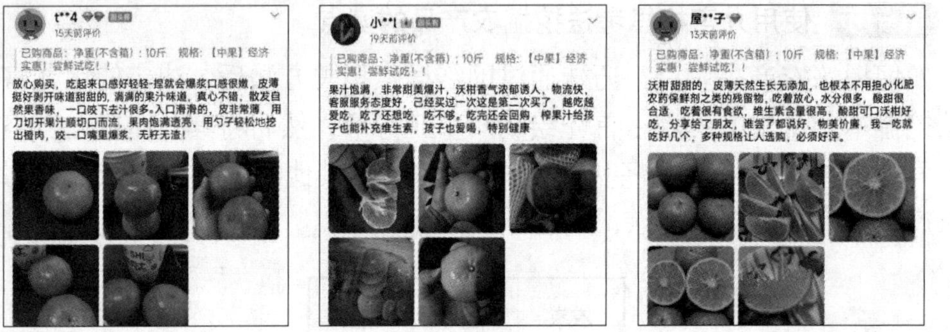

图2-22　消费者的评价信息

最终，巧妹结合消费者的评价信息提炼并描述卖点，如表2-3所示。

表2-3　提炼并描述卖点

卖点	卖点描述
果园种植，自然培育	自家果园精心种植，果园在远离市区的大山里，气候适宜，阳光充足，雨水充沛，土壤肥沃。让每一个沃柑都投入大自然的怀抱中，自然成长，保证沃柑的原汁原味
新鲜采摘，口感香甜	每一个沃柑都是当天新鲜采摘，新鲜发货，从果园到您手中，我们用心挑选呵护，开箱就能闻到沃柑浓郁的果香味，咬上一口，鲜嫩的果肉，香甜充沛的汁水，忍不住再来一口
营养丰富，老少皆宜	沃柑营养丰富，富含维生素和膳食纤维，皮薄易剥，多汁化渣，老少皆宜

👤活动3　编写农产品标题

巧妹发现，很多消费者会通过在淘宝的搜索框中输入关键词搜索农产品，如荔枝、芒果等关键词，在浏览搜索结果的过程中，很容易被一些好的农产品标题吸引。于是，巧妹决定使用淘宝搜索功能挖掘关键词，然后根据挖掘的关键词编写农产品标题，具体操作如下。

步骤 01 打开淘宝网首页，在搜索框中输入"沃柑"，在打开的下拉列表中查看系统提供的消费者经常搜索的信息。巧妹发现消费者搜索较多的关键词为"沃柑广西""沃柑新鲜"等。于是，巧妹决定将"沃柑新鲜"作为搜索关键词，选择"沃柑新鲜"选项，如图2-23所示。

图2-23 选择搜索关键词

步骤 02 在搜索结果页中单击"销量"选项卡，将沃柑按销量降序排列。巧妹发现热销商品的标题，除了包含"新鲜"，还包含"时令""水果""当季""包邮""整箱"等关键词，一些商品还使用了地域特色和规格等关键词，如图2-24所示。

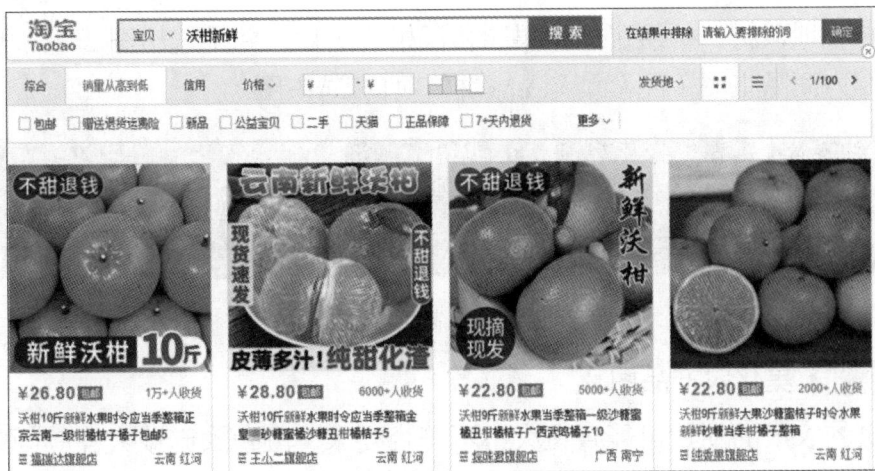

图2-24 查看热销商品的标题

步骤 03 巧妹将挖掘的关键词汇集在一起，挑选出可以使用的关键词，并结合自家沃柑的特点，编写出如下所示的商品标题。

> 沃柑9斤新鲜大果农家种植时令水果皮薄多汁当季整箱广西柑橘包邮

📝**素养小课堂**

虽然商品标题能够在一定程度上增强吸引度，提高点击率，但商家在编写商品标题时，要实事求是，不能无中生有，也不能通过组织夺人眼球的虚假关键词来夸大宣传。

👤 活动4　拍摄与美化农产品图片

在淘宝中，一个商品链接通常会显示5张商品主图；同时，商品详情页中也需要展示一些商品图片。因此，完成商品标题的编辑后，巧妹将拍摄和美化农产品图片。

第一步 拍摄农产品图片

通常，拍摄农产品并没有特殊要求，使用一般的手机或相机便可拍摄出效果较好的图片。在拍摄农产品时，一是可拍摄场景，如拍摄生长或养殖场景、采摘场景、食用场景等；二是可拍摄细节，如拍摄农产品的外表、果肉、内核等。农产品的场景和细节展示，能凸显农产品的品质和卖点，让消费者快速直观地了解农产品。

巧妹就地取材，拍摄了一些果园和沃柑的图片，并挑选出图2-25所示的5张图片作为商品主图（配套资源：\素材\项目二\主图）。

图2-25　商品主图

第二步 美化农产品图片

拍摄的农产品图片可能存在大小不符合要求、颜色太暗或太亮等问题。为了解决这些问题，使图片更加美观、有吸引力，巧妹将使用美图秀秀进行图片的美化处理。

由于淘宝上商品主图的大小应小于 3MB，像素大小至少为 700 像素 ×700 像素（一般设置为 800 像素 ×800 像素），且比例为 1 : 1，而用相机拍摄的图片的大小和像素大小一般不符合要求，所以巧妹需要先调整图片的尺寸和像素，然后根据情况调整图片的色彩效果等，具体操作如下。

步骤 01 启动美图秀秀，单击右上角的 打开 按钮，如图2-26所示。

图2-26 单击"打开"按钮

步骤 02 打开"打开图片"对话框，选择"沃柑1.jpg"图片（配套资源：\素材\项目二\主图\沃柑1.jpg），单击 打开(O) 按钮，如图2-27所示。

步骤 03 打开图片后，在"美化图片"窗口上方单击"尺寸"按钮 ，如图2-28所示。

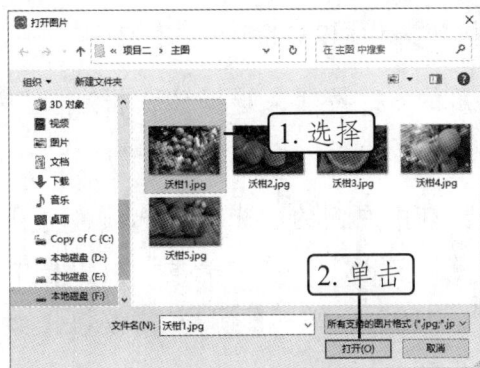

图2-27 选择图片

图2-28 单击"尺寸"按钮

步骤 04 打开"尺寸"对话框，在"高度"数值框中输入"800"，在"单位"下拉列表中选择"像素"选项，选中"锁定长度比例"复选框，单击 确定 按钮，如图2-29所示。

步骤 05 返回"美化图片"窗口，在上方单击"裁剪"按钮 ，打开"裁剪"对话框，将"高度"和"宽度"的比例设置为1∶1，移动中间的裁剪框调整裁剪图片的位置，单击 应用当前效果 按钮，如图2-30所示。

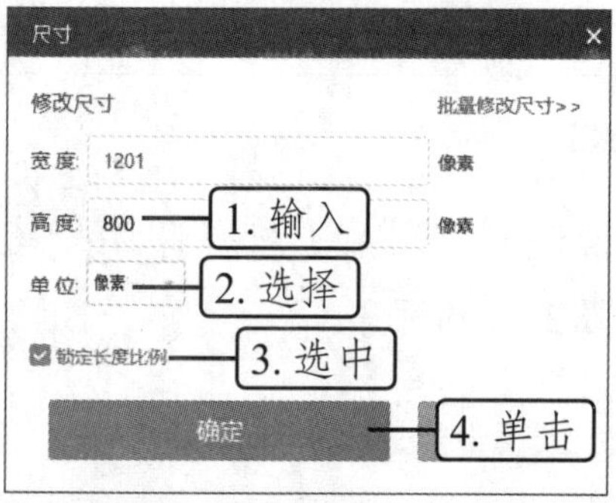

图2-29　调整图片尺寸

图2-30　等比例裁剪图片

步骤 06 返回"美化图片"窗口，单击右上角的 保存 按钮，打开"保存"对话框，在"保存路径"栏中选中"自定义"单选项，然后依次设置图片的默认保存路径、文件名与格式，单击 保存 按钮，如图2-31所示。

步骤 07 在"美化图片"窗口中单击右上角的 打开 按钮，选择"沃柑2.jpg"图片（配套资源：\素材\项目二\主图\沃柑2.jpg）。

步骤 08 打开图片后，选择"美化图片"窗口中左侧的"光效"选项，打开"光效"对话框，在"智能补光"数值框中输入"85"，在"亮度"数值框中输入"10"，在"暗部改善"数值框中输入"10"，单击 应用当前效果 按钮，如图2-32所示。

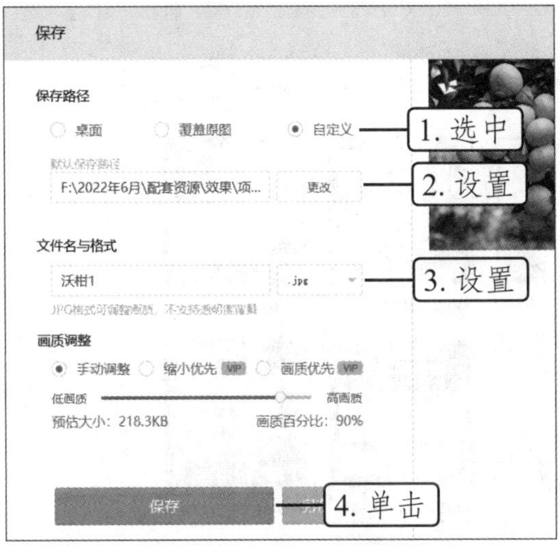

图2-31 保存图片

图2-32 设置光效

步骤 09 调整图片尺寸并裁剪图片，将"沃柑2.jpg"图片的高度设置为800像素，然后按照1∶1的比例进行裁剪。

步骤 10 继续对其他图片进行调整尺寸与裁剪操作，并适度美化，效果如图2-33所示（配套资源：\效果\项目二\主图）。

图2-33 调整后的图片效果

活动5 制作农产品主图

在淘宝上，第一张商品主图被称作"第一卖点图"，会直接展示在搜索结果中。制作主图一般是在背景图中展示出商品的卖点和促销信息，以吸引消费者，促进点击，增加网店的流量。

商家可以使用美图秀秀、Photoshop 等图像处理软件自行制作主图，也可以利用在线图像设计工具快速完成主图制作。接下来，巧妹选择"沃柑 1.jpg"作为素材，使用创客贴制作主图，具体操作如下。

步骤 01 登录创客贴网站，在搜索框中输入"淘宝主图"，单击Q按钮，在搜索结果中浏览并选择合适的主图模板，如图2-34所示。

图2-34 搜索并选择主图模板

步骤 02 打开图片编辑窗口，在左侧的导航栏中单击"上传"按钮🔼，在打开的"我的上传"面板中单击 上传素材 按钮，如图2-35所示。

步骤 03 打开"打开"对话框，选择"沃柑1.jpg"图片（配套资源：\素材\项目二\沃柑1.jpg），单击 打开(O) 按钮，如图2-36所示。

图2-35 单击"上传素材"按钮

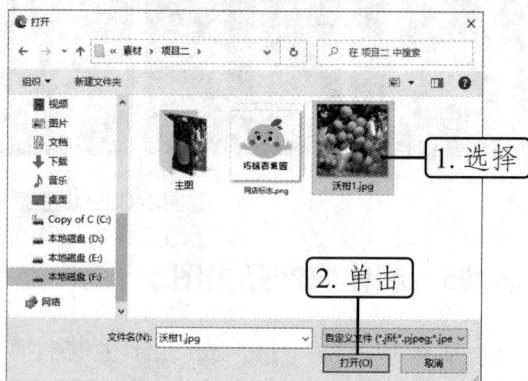

图2-36 上传素材

步骤 04 在"图片"文件夹中选择上传的图片，按住鼠标左键不放将其拖曳到编辑区的图片背景处，如图2-37所示，释放鼠标，替换背景图。

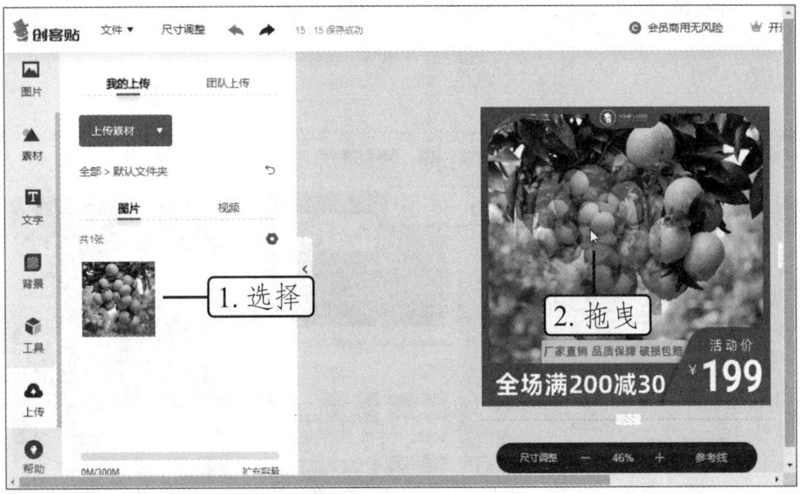

图2-37　替换背景图

步骤 05 在编辑区选择Logo标志，按【Delete】键删除，如图2-38所示；再选择Logo标志下方的形状，按【Delete】键删除。

步骤 06 将下方黄底文本框中的内容修改为"果园直发 包邮到家 坏果包赔"；将显示活动价的文本框中的价格修改为"54.9"；将"全场满200减30"文本内容修改为"现摘现发大果9斤"，效果如图2-39所示。

图2-38　删除Logo

图2-39　修改文本内容

步骤 07 在左侧的导航栏中单击"文字"按钮，在打开的"设置"面板中选择"点击添加标题文字"选项，在主图中添加一个文本框，将文本框中的文本内容修改为"新鲜沃柑"，选择该文本，将字体设置为"阿里巴巴普惠体-

粗体"，字号设置为"72"，单击"调色板"按钮▢，在打开的调色板中将颜色设置为"#6708f7"，如图2-40所示。

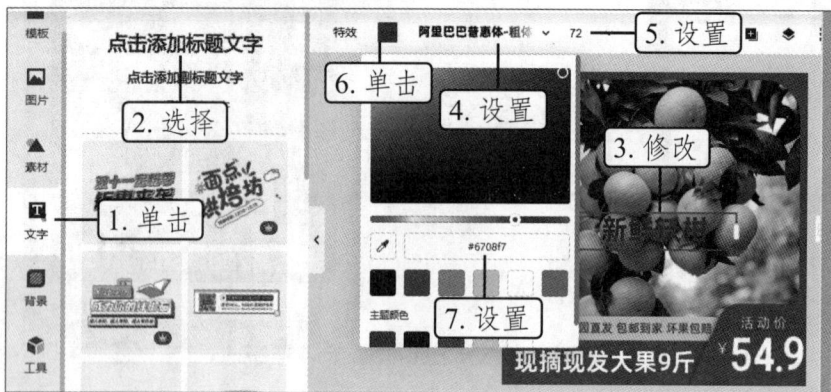

图2-40　设置文本

步骤 **08** 将"新鲜沃柑"文本框移动到主图左上方，在每个文字之间按两次空格键，然后在左侧的导航栏中单击"素材"按钮▲，打开"推荐素材"选项卡，如图2-41所示，在其中单击"形状"按钮▲。

步骤 **09** 打开"形状"面板，选择●形状，如图2-42所示，添加形状。

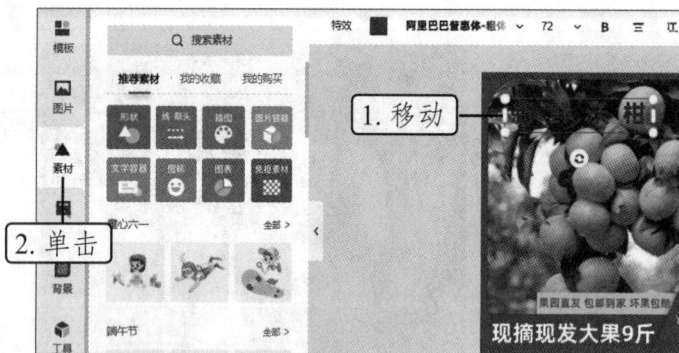

图2-41　调整文本后单击"素材"按钮

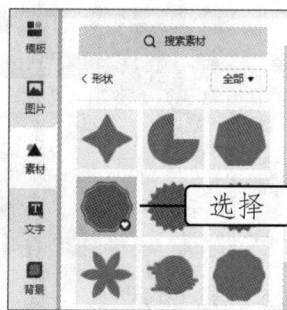

图2-42　添加形状

步骤 **10** 选择添加的形状，单击工具栏中的"调色板"按钮▢，打开调色板，单击调色板的左上角选取白色，将形状颜色设置为白色，如图2-43所示。

步骤 **11** 将鼠标指针移到形状右下角的控制点上，向左上方拖曳鼠标，缩小形状，如图2-44所示。

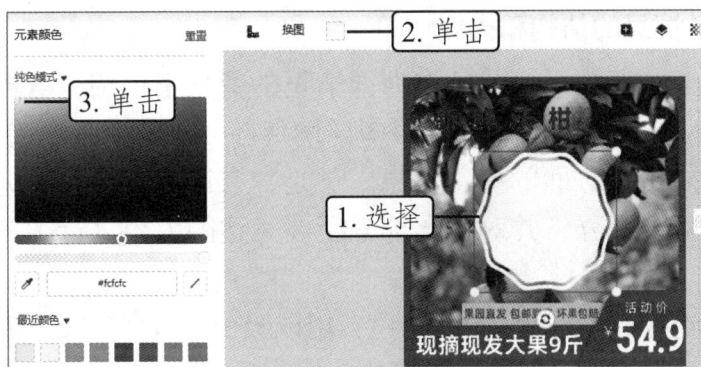

图2-43　设置形状颜色

图2-44　缩小形状

步骤 12 将形状移动到"新"字上，在工具栏中单击"图层"按钮 ，在打开的列表中选择"下移一层"选项，如图2-45所示。

步骤 13 保持形状的选中状态，按【Ctrl+C】和【Ctrl+V】组合键复制形状，选择复制的形状，将其移动到"鲜"字上，再选择"下移一层"选项，使其置于"鲜"字下方。继续复制形状并调整形状的位置和图层。

步骤 14 完成后，单击右上角的 按钮右侧的下拉按钮 ，在打开的列表中选择"下载到电脑"选项，打开"下载作品"对话框，单击 按钮，如图2-46所示，下载文件（配套资源：\效果\项目二\主图.jpg）。

图2-45　调整形状图层位置

图2-46　下载文件

活动6　制作农产品详情页

　　和谐美观、突出卖点的详情页既可以增强商品的吸引力，又可以提高商品的销量。为了达到这样的效果，巧妹首先根据沃柑信息的重要程度确定详情页的结构和内容，然后制作详情页。

第一步 确定农产品详情页的结构和内容

巧妹决定采用沃柑本身的颜色——黄色作为详情页的背景主色调，这样能体现沃柑的特性。在内容安排上，巧妹发现很多详情页都会强调商品卖点，同时会展现商品信息及退换货等方面的提示信息。于是，在详情页结构布局方面，巧妹将详情页分为 4 个部分，并对每个部分所要表达的内容进行了简要的梳理。

（1）呈现焦点图，添加创意文案表达商品特色，用以吸引消费者。文案内容包含"广西沃柑""美味香甜 一果蕴含""现摘的才好吃哦~"。

（2）展示商品基本信息。

（3）展示商品卖点，文案内容为"果园种植，自然培育""新鲜采摘，口感香甜""营养丰富，老少皆宜"。

（4）展示赔付事项，具体内容为"坏果包赔。生鲜水果属于特殊商品，来回退换容易损坏，故不支持退货，水果如有坏果，请在收货后 24 小时内拍照联系客服处理，我们照价赔偿"。

第二步 制作农产品详情页

巧妹确定详情页的结构后，接下来继续使用创客贴制作详情页，具体操作如下。

步骤 01 登录创客贴网站，在搜索框中输入"水果详情页"，单击 Q 按钮，在搜索结果中浏览并选择合适的详情页模板（鼠标指针移到模板上，将滚动显示模板中的具体内容），如图2-47所示。

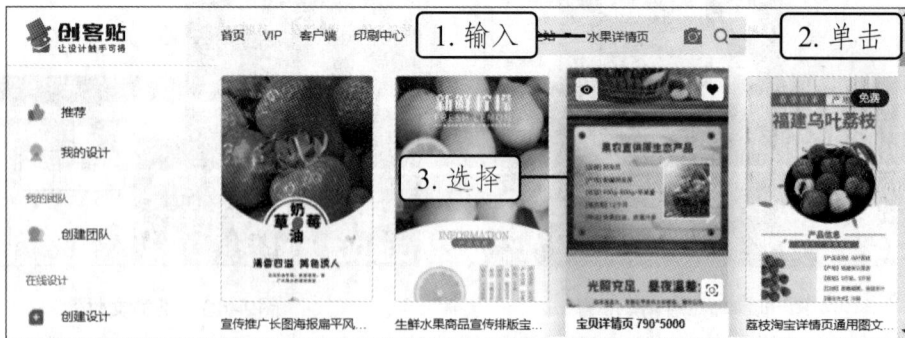

图2-47 搜索并选择详情页模板

步骤 02 打开图片编辑窗口，选择焦点图部分的背景图，按【Delete】键删除，如图2-48所示。

图2-48 删除背景图

步骤 03 在左侧的导航栏中单击"背景"按钮 ▦，打开背景面板，在"主题颜色"栏中单击"取色器"按钮 ▦，打开取色器面板，拖曳颜色条的控制点选择色系，在上方的颜色板中单击选取颜色，如图2-49所示，选取颜色过程中可同步查看右侧的背景效果。

图2-49 选取颜色

步骤 04 选择图2-50所示的背景图，在工具栏中单击"滤镜"按钮 ⊗，打开"滤镜"面板，单击"调整"选项卡，在打开的"调整"选项卡中拖曳亮度控制点，将"亮度"数值调整为"100"，如图2-51所示。

图2-50 选择背景图

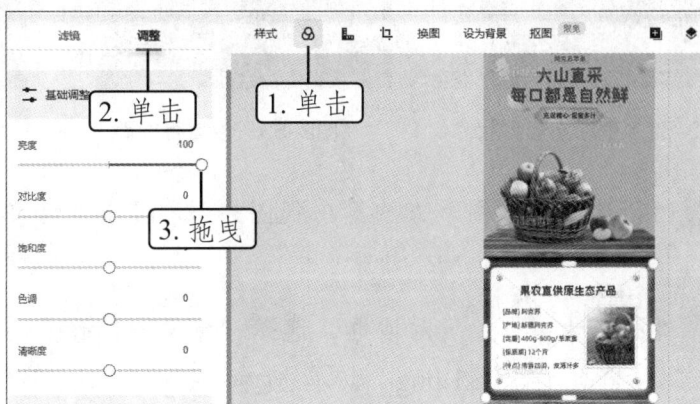

图2-51 调整"亮度"数值

步骤 05 使用步骤04中的方法，将其他类似的背景图的"亮度"数值调整为"100"，完成详情页主色调的设置。

步骤 06 选择"阿克苏苹果"文本框，按【Delete】键删除，选择矩形形状，按【Delete】键删除，如图2-52所示。

步骤 07 将标题文本修改为"广西沃柑 美味香甜 一果蕴含"；选择"美味香甜 一果蕴含"文本，将字号大小设置为"70"；将副标题"充足糖心·甜蜜多汁"修改为"现摘的才好吃哦~"。

步骤 08 选择标题文本框，在工具栏中单击"间距"按钮ⅠI，在"行间距"数值框中输入"400"，如图2-53所示，增大行间距。

步骤 09 在工具栏中单击"图层"按钮◆，在打开的列表中选择"上移一层"选项，将标题文本框上移一层。

步骤 10 按住【Shift】键的同时选择副标题文本框及其下方的形状，拖曳鼠标向下移动，如图2-54所示。

| 图2-52 删除矩形形状 | 图2-53 设置行间距 | 图2-54 移动文本框和形状 |

步骤 11 选择焦点图下方的第一张图片，在工具栏中单击换图按钮，如图2-55所示。

步骤 12 打开"打开"对话框，选择"详情图1.png"图片（配套资源：\素材\项目二\详情页\详情图1.png），单击打开(O)按钮，如图2-56所示。

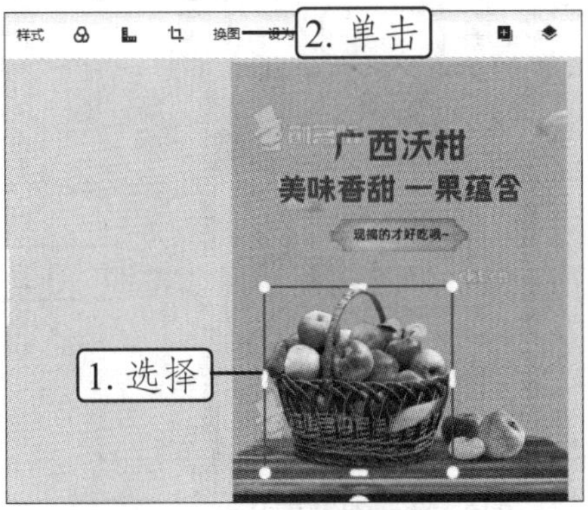

图2-55　单击"换图"按钮

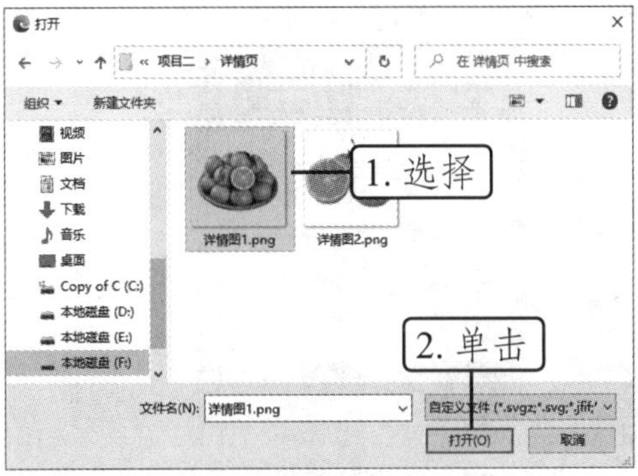

图2-56　选择图片

步骤 13 替换图片后，删除其右侧的苹果图片，再次选择"详情图1.png"图片，调整其大小和位置，效果如图2-57所示。

步骤 14 在图片编辑窗口右下角的提示面板中移动鼠标，显示出商品基本信息部分，如图2-58所示。

步骤 15 修改商品基本信息部分的文本内容，效果如图2-59所示。

图2-57　调整图片后的效果

图2-58　显示商品基本信息部分

图2-59　修改文本后的效果

步骤 16 选择商品基本信息中的图片，按【Delete】键删除，然后选择底图，在工具栏中单击 换图 按钮，如图2-60所示。

步骤 17 打开"打开"对话框，选择"详情图2.jpg"图片（配套资源：\素材\项目二\详情页\详情图2.jpg），单击 打开(O) 按钮，替换图片。替换图片后，选择"详情图2.jpg"图片，在工具栏中单击"裁剪"按钮，移动裁剪框四周的控制点裁剪图片，确认裁剪效果后，单击 ✔ 按钮，如图2-61所示。

45

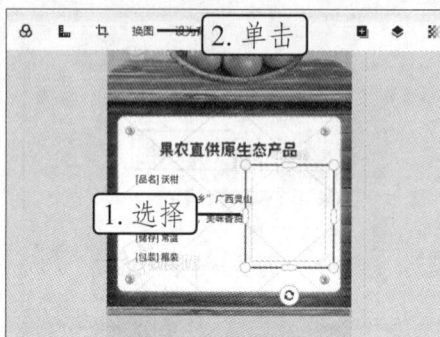

图2-60　单击"换图"按钮

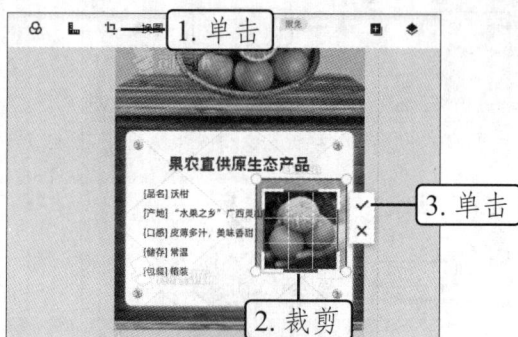

图2-61　裁剪图片

步骤 18 在图片编辑窗口中显示出详情页的商品卖点部分，选择背景图，替换为"详情图3.jpg"图片（配套资源：\素材\项目二\详情页\详情图3.jpg）。

步骤 19 替换图片后，文字显示不清晰，选择标题文本框，在工具栏中单击**特效**按钮，打开"字体特效"面板，在"字体样式"下拉列表中选择白底黑边描边选项，如图2-62所示。

步骤 20 设置字体特效后，将标题文本内容修改为"果园种植，自然培育"。将正文文本内容修改为"自家果园精心种植，果园在远离市区的大山里，阳光充足，土壤肥沃。让每一个沃柑都投入大自然的怀抱中，自然成长，保证沃柑的原汁原味"，如图2-63所示。

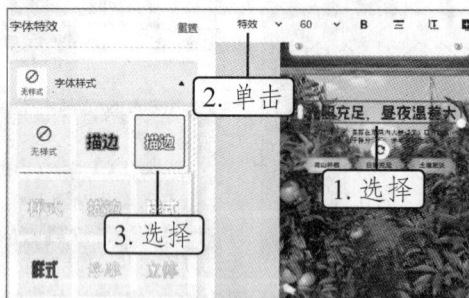

图2-62　设置白底黑边字体特效

图2-63　修改文本

步骤 21 选择商品基本信息部分的背景图，在工具栏中单击"复制"按钮，如图2-64所示。

步骤 22 将复制的背景图的"亮度"数值调整为"100"，将其移动到商品卖点部分的正文文本框的下方，并下移一层，调整为合适的大小，然后调整下方"高山种植""日照充足""土壤肥沃"3个文本与形状组合的位置，效果如图2-65所示。

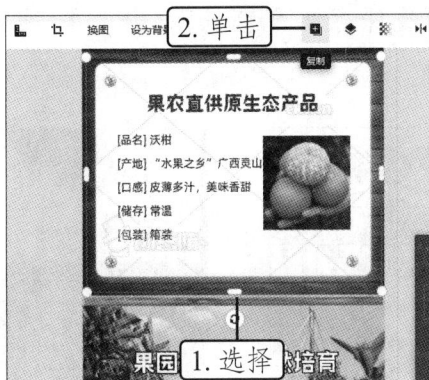

图2-64 复制背景图

图2-65 调整各对象后的效果

步骤 23 在图片编辑窗口中显示出详情页中商品的第二个卖点，修改文本内容，将图片替换为"详情图4.jpg"图片（配套资源：\素材\项目二\详情页\详情图4.jpg），并调整图片的大小和位置，前后对比效果如图2-66所示。

步骤 24 在图片编辑窗口中显示出详情页中商品的第三个卖点，修改文本内容，将图片替换为"详情图5.jpg""详情图6.jpg"图片（配套资源：\素材\项目二\详情页\详情图5.jpg、详情图6.jpg），并调整图片的大小和位置，前后对比效果如图2-67所示。

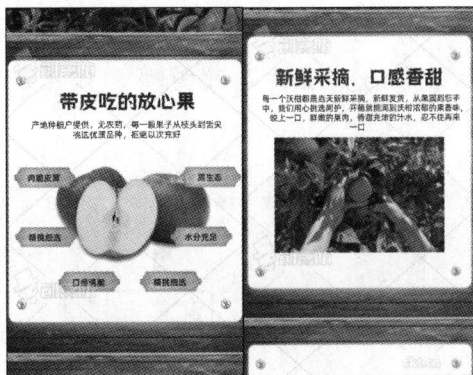

图2-66 前后对比效果

图2-67 前后对比效果

步骤 25 将鼠标指针移动到详情页底部的 ▭▭ 按钮上，向下拖曳鼠标，增加详情页的高度，如图2-68所示。

步骤 26 按住【Shift】键选择"营养丰富，老少皆宜"标题文本框及其下方的正文文本框，按【Ctrl+C】键复制，按【Ctrl+V】键粘贴，如图2-69所示。

步骤 27 将复制的文本框移动到详情页末尾，修改文本内容，效果如图2-70

所示，完成详情页的设计后，将其下载保存（配套资源：\效果\项目二\详情页.jpg）。

图2-68　向下拖曳鼠标　　　图2-69　复制粘贴文本框　图2-70　修改文本内容后的效果

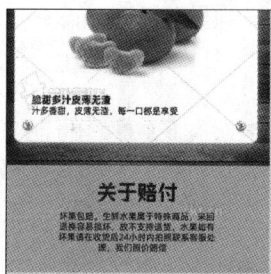

活动7　上传农产品图片

完成农产品主图和详情页的制作后，巧妹需要将农产品图片上传到淘宝的图片空间。图片空间是淘宝为商家提供的图片存储空间，以便商家管理图片素材。巧妹通过千牛商家工作台进入图片空间，将设计好的农产品图片上传到图片空间中，以便发布农产品时可以直接在图片空间中选择，具体操作如下。

步骤 01 打开千牛商家工作台首页，在左侧选择"商品"选项，在"商品管理"栏中选择"图片空间"选项。进入图片空间，选择"宝贝图片"文件夹，单击 上传 按钮，打开"上传图片"对话框，单击"上传"超链接，如图2-71所示。

图2-71　单击"上传"超链接

步骤 02 打开"打开"对话框，选择要上传的图片（配套资源：\素材\项目二\商品发布图\主图1.jpg、主图2.jpg、主图3.jpg、主图4.jpg、主图5.jpg、详情页.jpg），单击 打开(O) 按钮，如图2-72所示。

步骤 03 打开"上传结果"对话框，查看图片上传结果，单击 确定 按钮返回图片空间，查看上传的图片，如图2-73所示。

图2-72　选择要上传的图片

图2-73　查看上传的图片

👤活动8　在千牛商家工作台中发布农产品

巧妹成功上传农产品图片后，将进入商品发布页面设置农产品的各项信息并发布农产品，具体操作如下。

步骤 01 打开千牛商家工作台首页，在左侧选择"商品"选项，在"商品管理"栏中单击"发布宝贝"超链接。打开"商品发布"页面，在"上传商品主图"栏中单击"商品主图"下的"添加上传图片"按钮+，打开图片空间，选择"宝贝图片"文件夹，选择"主图1.jpg"图片，如图2-74所示。

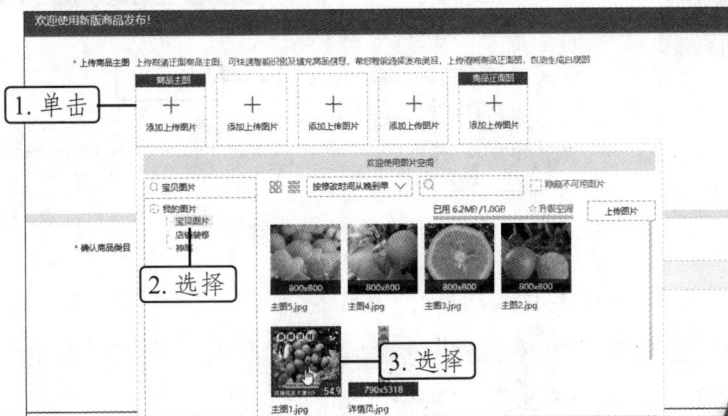

图2-74　选择"主图1.jpg"图片

步骤 02 继续上传其他主图。上传主图后，系统自动识别商品所属类目，在"确认商品类目"栏中确认后，单击 下一步,完善商品信息 按钮，如图2-75所示。

图2-75 上传其他主图并确认商品类目

步骤 03 在打开页面的"宝贝标题"文本框中输入商品标题"沃柑9斤新鲜大果农家种植时令水果皮薄多汁当季整箱广西柑橘包邮"，如图2-76所示。

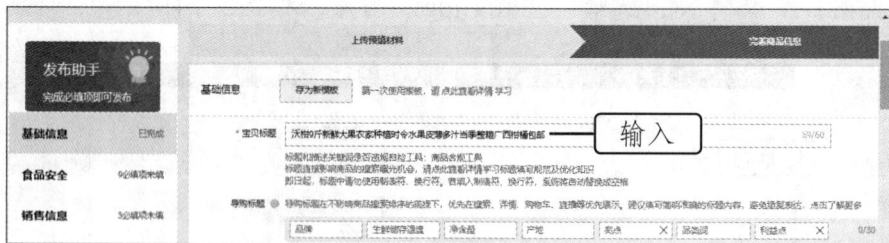

图2-76 输入宝贝标题

步骤 04 填写商品的"类目属性"，其中带有"*"符号的为必填选项，其他为可选填选项。首先在"重要属性"栏的"包装方式"下拉列表中选择"食用农产品"选项，然后设置"产地""省份"和"城市"，其他选项根据实际情况选填，如图2-77所示。在"其他属性"栏中根据实际情况选填内容。

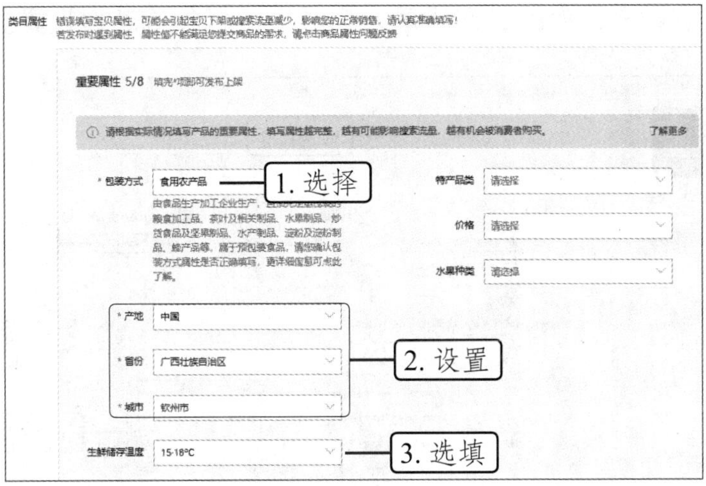

图2-77 设置商品的重要属性

经验之谈

包装方式有"食用农产品""包装"和"散装"3个选项。如果是初级农产品，可选择"食用农产品"选项，此时无须填写生产许可证编号、保质期等食品安全信息；如果是加工食品，需选择"包装"或"散装"选项，同时要填写生产许可证编号、保质期等食品安全信息。

步骤 05 在"销售信息"栏中的"净含量"数值框中输入"5"，在其右侧的下拉列表中选择"斤"选项，单击 +添加 按钮，添加"5斤"装商品规格，如图2-78所示。

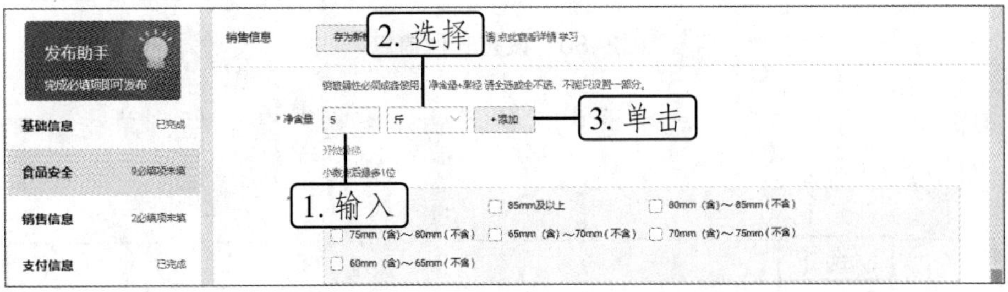

图2-78 添加"5斤"装商品规格

步骤 06 通过相同方法添加"9斤"装商品规格。在"果径"栏中选中"75mm（含）~80mm（不含）"和"70mm（含）~75mm（不含）"复选框，分别对应大果和中果的果径。设置完成后，"宝贝销售规格"表中自动生成4种商品规格，分别为每种商品规格设置价格和数量后，"一口价"和"总数量"选项自动填充，如图2-79所示，完成商品销售信息的设置。

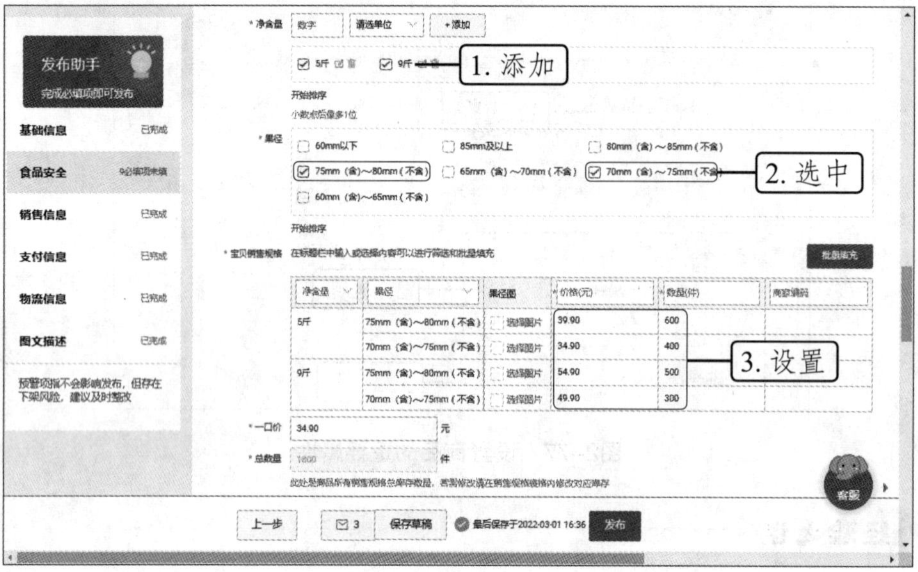

图2-79　设置商品销售信息

步骤 07 在"支付信息"栏中选中"买家拍下减库存"单选项和"退换货承诺"复选框，如图2-80所示。

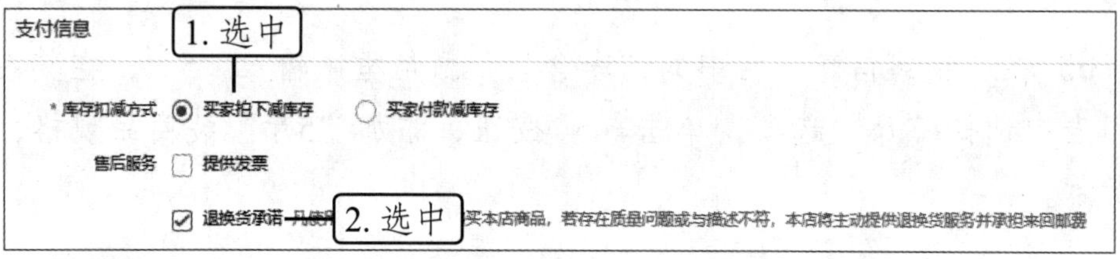

图2-80　设置支付信息

步骤 08 在"物流信息"栏中选中"使用物流配送"复选框，单击 新建运费模板 按钮，如图2-81所示。

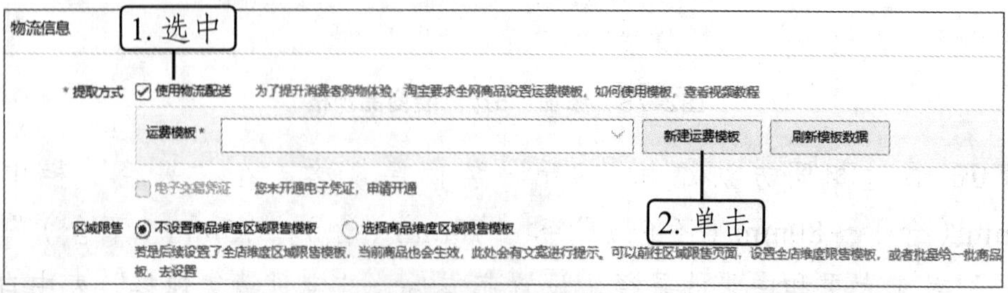

图2-81　设置物流信息

步骤 09 打开"运费模板设置"页面，单击 新增运费模板 按钮，如图2-82所示。

步骤 10 打开"新增运费模板"页面，设置模板名称、发货地、发货时间、是否包邮、计价方式和运送方式，单击 保存并返回 按钮，如图2-83所示。

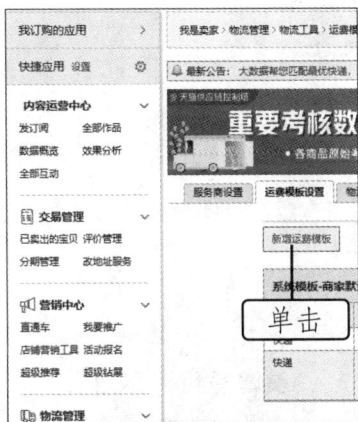

图2-82 单击"新增运费模板"按钮　　　图2-83 设置运费模板

步骤 11 返回"商品发布"页面，在"物流信息"栏中单击 刷新模板数据 按钮，然后在"运费模板"下拉列表中选择新增的"包邮"模板，如图2-84所示。

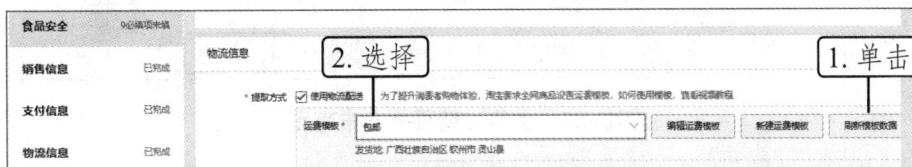

图2-84 选择新增的运费模板

步骤 12 在"图文描述"栏中单击"详情描述"下的 图片 按钮，打开图片空间，选择插入"详情页.jpg"图片，在右侧预览详情页效果，选中"立刻上架"单选项，单击 发布 按钮发布商品，如图2-85所示。商品发布成功，即可正常交易。

素养小课堂

商家不可销售国家明令淘汰或过期、失效、变质的商品；不可销售掺假、以假充真、以次充好的商品，不得以不合格商品冒充合格商品；不可在销售过程中出现缺斤少两的情况。

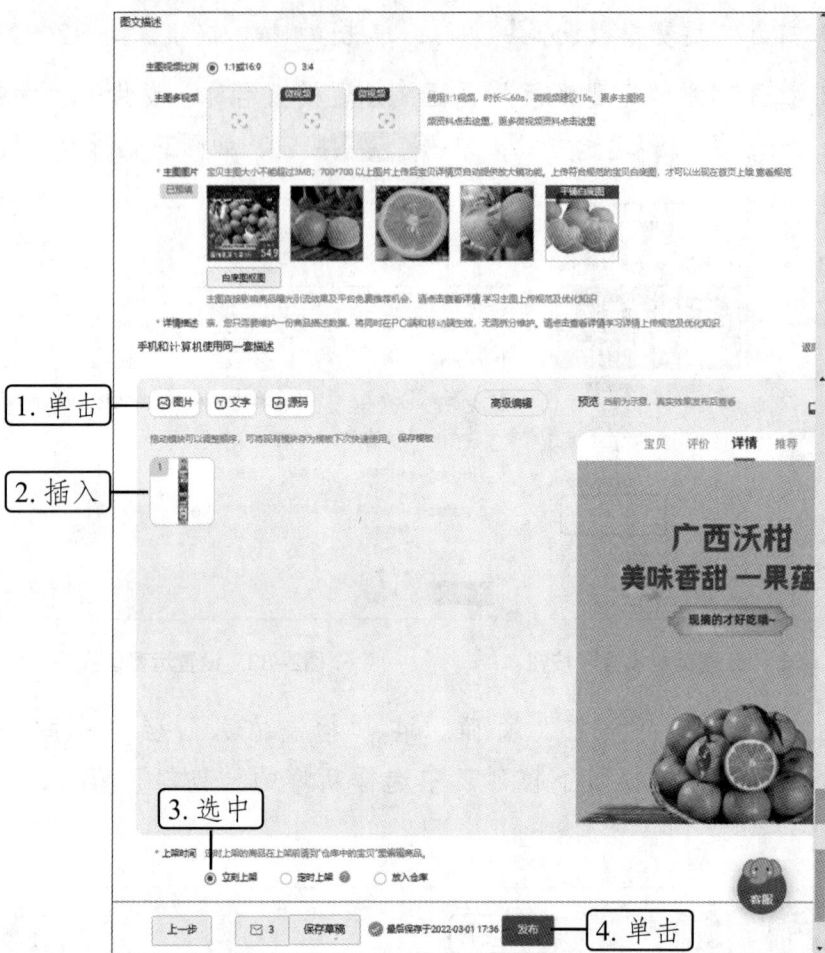

图2-85　上传详情页并发布商品

任务三　装修网店

任务描述

　　开通网店后，网店页面是默认的，并不美观。而网店首页的布局是否合理、效果是否美观，是影响网店能否吸引到消费者的重要因素。因此，巧妹需要装修网店，包括 PC 网店和手机网店。

任务实施

👤 活动1　PC网店装修

　　作为新手商家，在装修 PC 网店前，巧妹要先了解 PC 网店首页组成模块，据此确定本网店首页组成模块。确定好网店首页组成模块并准备好装修素材后，一步步进行网店的装修设置。

第一步 确定PC网店首页组成模块

巧妹首先进入千牛商家工作台，在首页右侧单击 按钮，进入网店，然后查看 PC 网店首页，她发现 PC 网店首页由网店招牌、导航、轮播海报等模块组成，如图 2-86 所示。

图2-86 PC网店首页

作为新开设的网店，由于发布的商品数量有限，目前正在销售沃柑，其他的当地特色水果，如荔枝要等到 5 月开始上市、芒果 6 月开始上市、百香果 7 月开始上市，巧妹决定先装修网店招牌、导航和轮播海报等模块，并构想出各模块的装修内容。

（1）网店招牌。网店招牌位于网店首页的顶部，可用于显示网店标志、网店广告语和收藏按钮等元素。网店招牌与导航的背景尺寸一般为 950 像素 ×150 像素，网店招牌的尺寸一般为 950 像素 ×120 像素。巧妹设计了 950 像素 ×120 像素的网店招牌，并在招牌中展示了"巧妹百果园"这一网店名称、广告宣传语"精挑细选，只卖新鲜好果"和"收藏店铺不迷路"等内容，如图 2-87 所示。

图2-87 PC网店招牌

（2）导航。导航位于网店招牌的下方，尺寸一般为 950 像素 ×30 像素，可用于展示网店的分类信息。因此，巧妹决定展示商品的分类，包括沃柑、荔枝、芒果和百香果。

（3）轮播海报。轮播海报一般位于导航的下方，可用于展示网店当前的活动、主推的商品或具体的优惠信息等。轮播海报至少要有两张，尺寸一般为宽度950像素，高度100～600像素。巧妹决定在第一张海报中主推已发布的沃柑，在第二张海报中显示新店开业信息，海报尺寸为950像素×500像素。两张轮播海报如图2-88所示。

图2-88　轮播海报

另外，巧妹还将调整网店首页的配色，使装修风格统一。

第二步　上传PC网店装修图片

装修网店前，巧妹先把需要装修的图片上传到图片空间，具体操作如下。

步骤 01 进入图片空间，选择"店铺装修"文件夹，单击 上传 按钮。打开"上传图片"对话框，单击"新建文件夹"超链接，如图2-89所示。

步骤 02 打开"新建文件夹"对话框，在"分组名称"文本框中输入文件夹的名称"PC网店装修"，单击 确定 按钮，如图2-90所示。返回"上传图片"对话框，单击"上传"超链接。

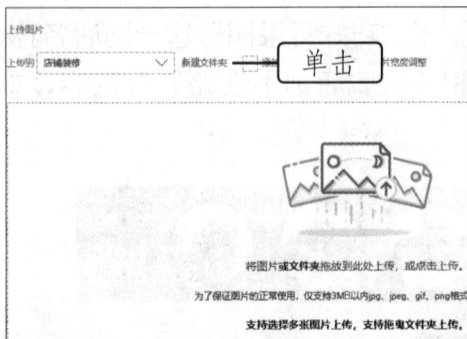

图2-89　单击"新建文件夹"超链接

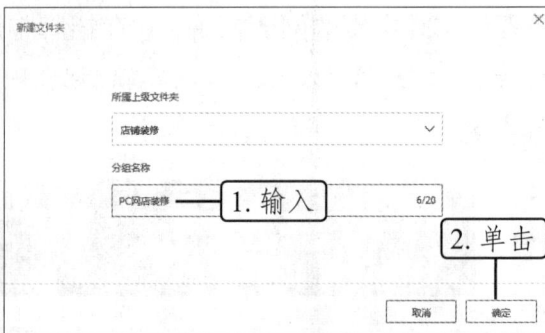

图2-90　新建文件夹

步骤 03 打开"打开"对话框，选择要上传的图片（配套资源：\素材\项目二\PC网店装修\网店招牌.jpg、轮播海报1.png、轮播海报2.png），单击 打开(O) 按钮，如图2-91所示。

步骤 04 打开"上传结果"对话框，查看图片上传结果，单击 确定 按钮返回图片空间，查看上传的图片，如图2-92所示。

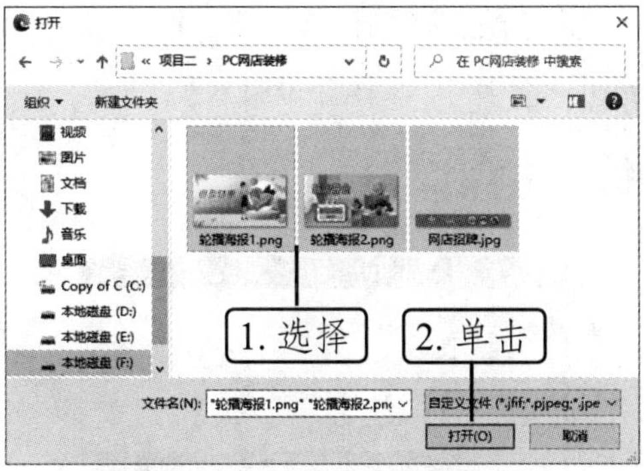

图2-91 选择要上传的图片

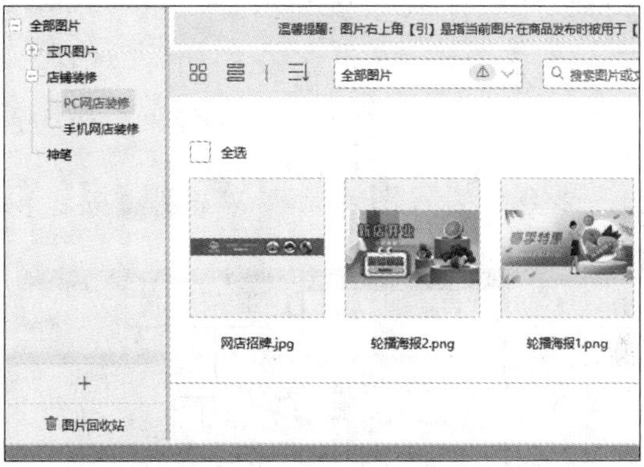

图2-92 查看上传的图片

第三步 装修PC网店首页

上传装修图片后，巧妹需要通过"淘宝旺铺"页面装修网店首页，将装修图片添加到网店首页的相应模块中，具体操作如下。

步骤 01 打开千牛商家工作台首页，在左侧选择"店铺"选项，在"店铺装修"栏中单击"PC店铺装修"超链接，在打开页面的"首页"中单击"装修页面"超链接，如图2-93所示。

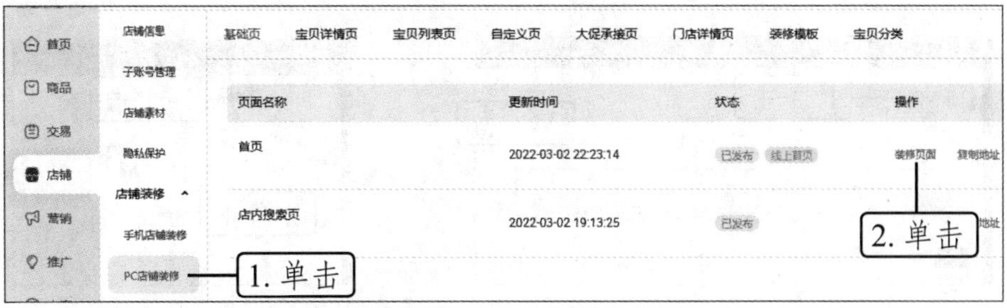

图2-93 单击"装修页面"超链接

步骤 02 打开PC网店装修页面，双击页面上方的网店招牌模块（见图2-94）或单击右上角的 编辑 按钮。

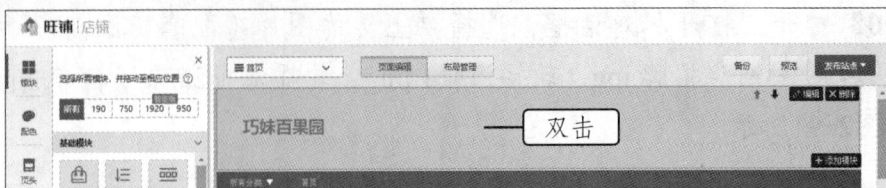

图2-94 双击网店招牌模块

步骤 03 打开"店铺招牌"对话框，取消选中"是否显示店铺名称"复选框，单击 选择文件 按钮，在打开的对话框中单击"从淘盘选择"选项卡，选择"PC网店装修"文件夹，选择"网店招牌.jpg"图片，如图2-95所示。

步骤 04 插入图片后，单击 保存 按钮，如图2-96所示。

图2-95 取消显示网店名称并单击"选择文件"按钮

图2-96 保存网店招牌

步骤 05 双击导航模块，打开"导航"对话框，单击"导航设置"选项卡，单击 添加 按钮，如图2-97所示。

步骤 06 打开"添加导航内容"对话框，单击"宝贝分类"选项卡，单击"立刻添加"超链接，如图2-98所示。

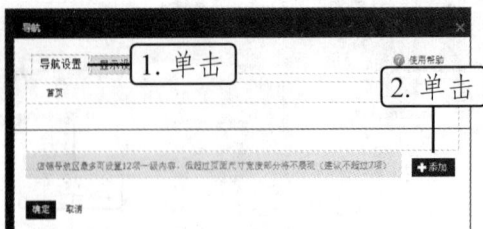

图2-97 单击"添加"按钮

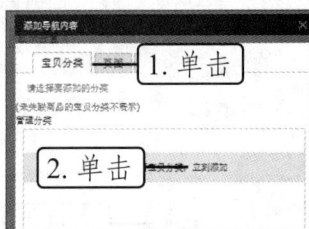

图2-98 单击"立刻添加"超链接

步骤 07 打开"分类管理"页面，单击 添加手工分类 按钮，在"分类名称"文本框中输入"沃柑"。继续单击 添加手工分类 按钮，添加"荔枝""芒果"和"百香果"分类，完成后单击 保存更改 按钮，如图2-99所示。完成分类设置后，通常30

分钟后才能生效，在导航中可查看到。

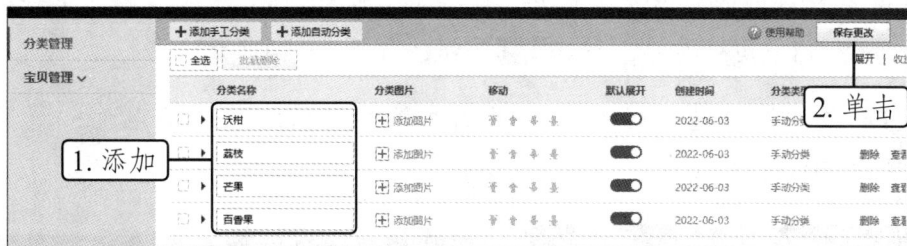

图2-99　添加分类

步骤 08 打开"宝贝管理"下拉列表，单击"全部宝贝"超链接，在"编辑分类"栏中单击"添加分类"下拉按钮，在打开的列表中选中"沃柑"复选框，关联商品，如图2-100所示。

图2-100　设置分类关联商品

步骤 09 返回"添加导航内容"对话框，其中显示已添加的分类类目，单击 确定 按钮，如图2-101所示。

步骤 10 返回"导航"对话框，连续单击"沃柑"分类右侧的 ↑ 按钮，如图2-102所示，将其移到首位，再调整其他分类的位置，最终的分类排序效果如图2-103所示。

图2-101　确认分类　　　图2-102　调整"沃柑"分类的位置　图2-103　分类排序效果

步骤 11 双击图片轮播模块，打开"图片轮播"对话框，单击"图片地址："文本框右侧的■按钮，打开图片空间，选择"PC网店装修"文件夹，选择"轮播海报1.png"图片，单击 保存 按钮，如图2-104所示。

步骤 12 插入图片地址链接后，将鼠标光标定位到"链接地址："文本框中，如图2-105所示。

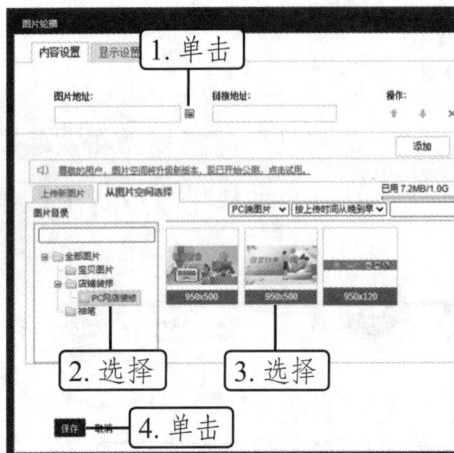

图2-104 选择"轮播海报1.png"图片 图2-105 将鼠标光标定位到"链接地址："文本框中

步骤 13 在千牛商家工作台左侧选择"商品"选项，在"商品管理"栏中单击"我的宝贝"超链接，将鼠标指针移到"发布商品"栏中已发布沃柑的"分享"超链接上，在打开的对话框中单击 复制商品链接 超链接，如图2-106所示。

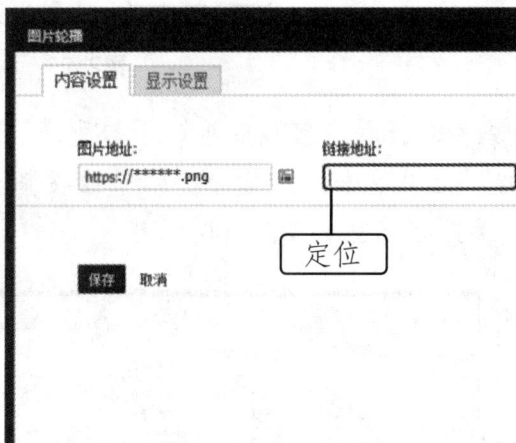

图2-106 复制商品链接

步骤 14 返回"图片轮播"对话框，按【Ctrl+V】组合键将商品链接粘贴到"链接地址："文本框中，然后单击 添加 按钮，添加"图片地址："和"链接地址："文本框，单击"图片地址："文本框右侧的■按钮，打开图片空间，选择"PC网店装修"文件夹,选择"轮播海报2.png"图片,插入该图片的地址,如图2-107所示。

步骤 **15** 单击"显示设置"选项卡,在"显示标题"栏中选中"不显示"单选项,在"模块高度"数值框中输入"500",单击"保存"按钮,如图2-108所示。

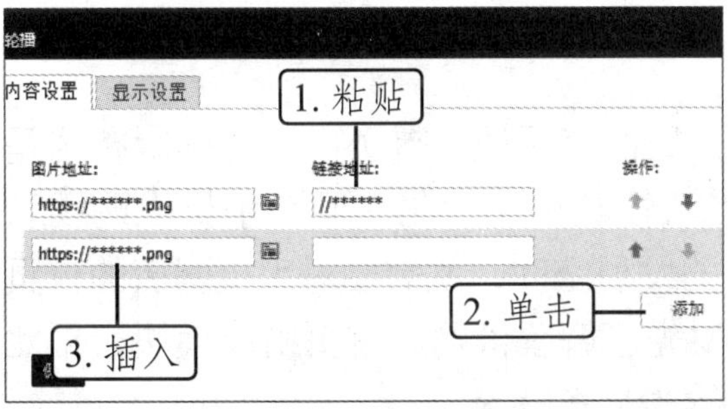

图2-107 粘贴链接地址并添加图片地址

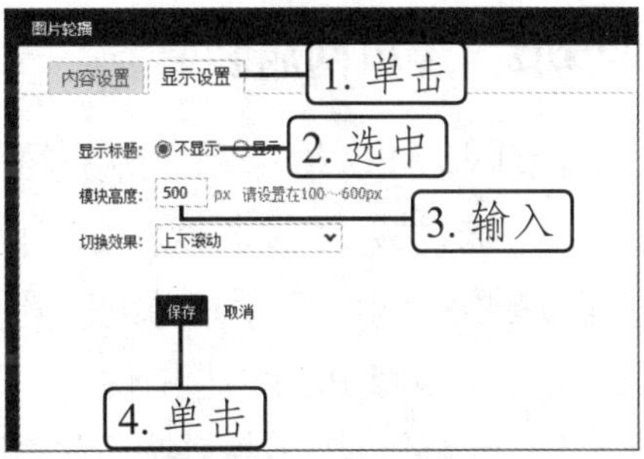

图2-108 显示设置

步骤 **16** 在"PC网店装修"页面左侧单击"配色"超链接,在打开的面板中选择"鲜橙红"选项,更改页面的配色方案,如图2-109所示,然后单击右上角的 预览 按钮。

步骤 **17** 在打开的页面中预览网店首页效果,如图2-110所示,单击 发布 按钮,在打开的"发布"对话框中单击 确定 按钮发布页面,完成首页的装修。

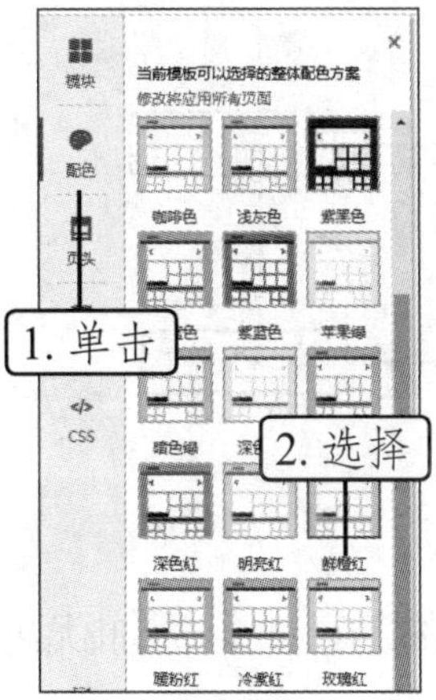

图2-109 更改配色

图2-110 预览网店首页效果

网店装修是动态变化的过程，尤其是销售季节性强的水果类农产品，不同水果的上市时间不同，商家发布的水果种类和数量也就不同，网店页面需要适时地进行调整。同时，商家可以在默认的模块上单击 ✕删除 按钮删除该模块，然后添加新的模块，以自定义页面布局和装修风格。

活动2　手机网店装修

淘宝网店 PC 端和手机端的页面分属两套系统，首页内容的排版布局是不同的。巧妹发现，越来越多的消费者习惯利用碎片化时间在手机上购物。所以，巧妹要想网店在手机端取得更好的发展空间，就需要对手机网店的首页进行装修。与装修 PC 网店相似，巧妹要先了解手机网店首页组成模块，据此确定本网店首页组成模块，然后进行具体的装修设置。

第一步　搭建手机网店首页组成模块

巧妹首先进入自己的手机网店装修页面，她发现默认的手机网店首页包括网店热搜、排行榜等模块，如图 2-111 所示，如果要添加其他模块，需通过平台提供的模板自定义。巧妹还查看了其他水果网店的首页，发现开店时间短、商品数量少的网店首页模块内容少，在保持默认模块的基础上，会添加活动信息或轮播海报；而开店时间长、商品数量丰富的网店首页模块会多一些，除默认的模块，还有网店公告、优惠券、宣传海报等模块。

图2-111　手机网店首页组成模块

经过综合分析后，巧妹决定在手机网店首页默认模块的基础上，添加优惠券和单图海报模块，并设计出各模块的装修内容。

（1）优惠券。在公告模块下方添加优惠券模块，引导消费者分享商品，消费金额满 50 元可获得 5 元优惠券。

（2）单图海报。在优惠券模块下方添加单图海报模块，海报图片要求宽度为 1200 像素，高度为 120 ～ 2000 像素。巧妹通过美图秀秀将用于装修 PC 网店首页的"轮播海报 1.png"图片，在锁定长度比例的条件下调整宽度为 1200 像素，如图 2-112 所示，并保存为"单图海报 .png"图片（配套资源：\素材\项目二\ 手机网店装修\单图海报 .png）。

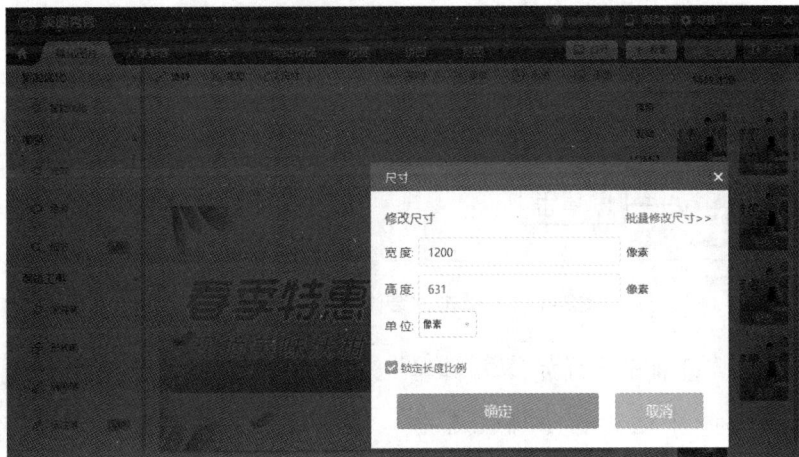

图2-112 使用美图秀秀调整海报图片尺寸

完成海报制作后，进入千牛商家工作台的图片空间，新建"手机网店装修"文件夹，并将"单图海报 .png"图片上传到该文件夹中，效果如图 2-113 所示。

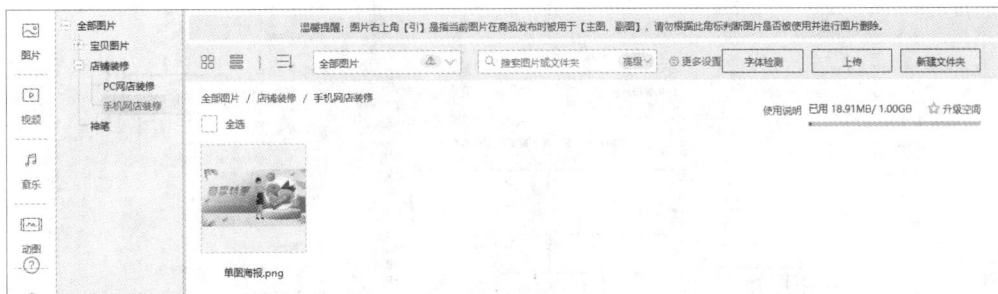

图2-113 新建文件夹并上传图片

📇 经验之谈

默认的网店热搜模块由系统根据算法自动展现，无须编辑。如果搜索词不足3个，则网店首页不展示该模块。

第二步 装修手机网店首页

完成手机网店首页组成模块的搭建后，巧妹将进一步进行手机网店首页的装修，具体操作如下。

步骤 01 打开千牛商家工作台首页，在左侧选择"店铺"选项，在"店铺装修"栏中单击"手机店铺装修"超链接，在打开页面的"默认首页"中单击"装修页面"超链接，如图2-114所示。

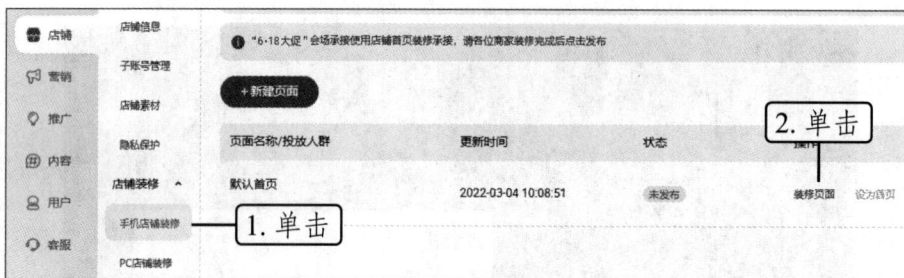

图2-114 单击"装修页面"超链接

步骤 02 打开"旺铺-页面装修编辑器"页面，单击"官方模块"选项卡，在"营销互动类"栏中选择"店铺优惠券"选项，将其添加到"文字标题"模块下面，在打开的"店铺优惠券"面板的"模块名称"文本框中输入"新人优惠券"，在"设置优惠券数量"下拉列表中选择"1"选项，单击 按钮，如图2-115所示。

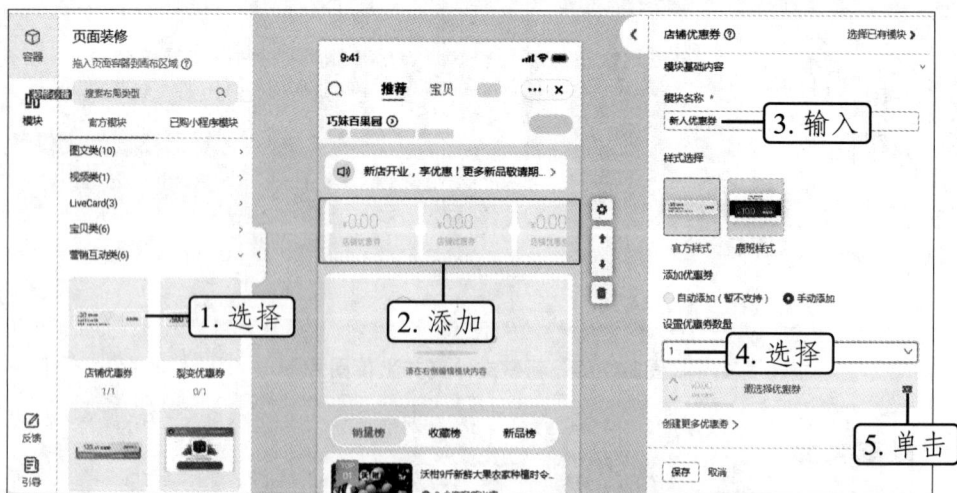

图2-115 添加"店铺优惠券"模块

步骤 03 由于没有创建优惠券模块，在打开的对话框中需单击"添加优惠券"超链接新建优惠券模块，如图2-116所示。

您可以使用的优惠券如下：

请确保优惠券已设置成"公开推广"或者"自主推广"。如果没有合适的优惠券，您可以马上去 添加优惠券 ——— 单击

| 名称 | 金额 | 有效期 | 使用限制 |

图2-116 单击"添加优惠券"超链接

步骤 04 打开"商家营销中心"页面，在"推广渠道"栏中选中"全网自动推广"单选项，在"基本信息"栏中设置优惠券的"名称"为"新人优惠券"、"开始时间"为"2022-03-05"、"结束时间"为"2022-03-19"、"低价提醒"为"8折"（即消费者领取优惠券后支付的金额低于商品原价的8折时系统会提醒商家），如图2-117所示。

步骤 05 在"面额信息-面额1"栏中，将"优惠金额"设置为"5元"，将"使用门槛"设置为"满40元"，将"发行量"设置为"1000张"，将"每人限领"设置为"1张"，单击 资损风险校验 按钮，如图2-118所示。若设置合理，通过评估后，即可完成优惠券模块的创建。

图2-117 设置优惠券的基本信息

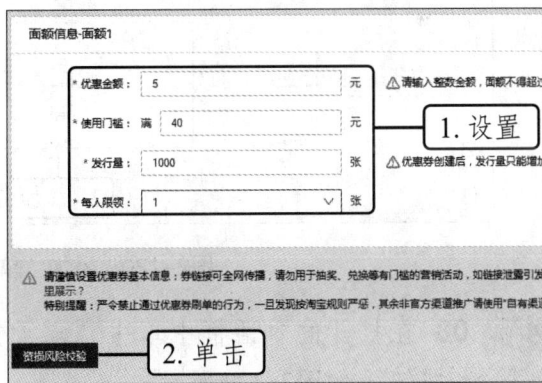

图2-118 设置优惠券的面额信息

步骤 06 再次在"店铺优惠券"面板中单击 ■ 按钮，在打开的对话框中选择新建的"新人优惠券"选项，单击 确定 按钮，如图2-119所示。再在"店铺优惠券"面板中单击 保存 按钮。

图2-119　选择优惠券

步骤 07 在"图文类"栏中选择"单图海报"选项，将其添加到"优惠券"模块下方，在打开的"单图海报"面板的"模块名称"文本框中输入模块名称，上传图片空间中的"单图海报.png"图片，然后选中"自定义链接"单选项，在"跳转链接"文本框中单击 🔗 按钮，如图2-120所示。

图2-120　添加"单图海报"模块

步骤 08 在打开的对话框中单击"宝贝链接"选项卡，选中已发布的商品，单击 确定 按钮，如图2-121所示。

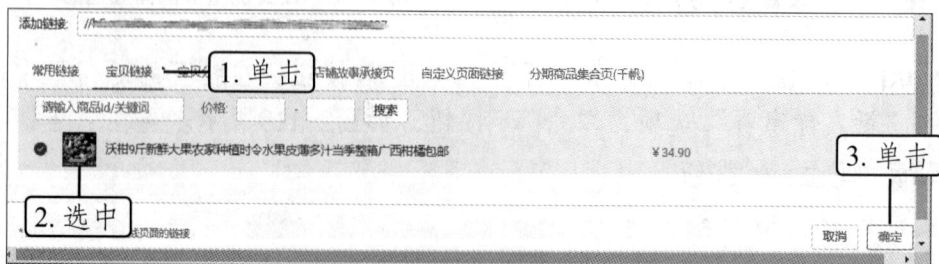

图2-121　添加链接

步骤 09 添加链接后，继续在"单图海报"面板的"智能展现设置"栏中选中"智能分配"单选项，其他选项保持默认设置，单击 保存 按钮。完成设置后，单击"旺铺-页面装修编辑器"页面右上角的 发布 按钮，在打开的下列列表中选择"立即发布"选项，如图2-122所示。在打开的"确认发布当前页面"对话框中单击 确认 按钮，确认发布页面。

步骤 10 发布页面后，在右上角单击"预览"超链接，显示手机网店二维码，打开淘宝App扫码查看手机网店首页效果，如图2-123所示。注意，此时若手机网店首页未发生改变，需在千牛商家工作台首页的左侧选择"店铺"选项，在"店铺装修"栏中单击"手机店铺装修"超链接，在打开页面的"默认首页"中单击"设为首页"超链接。

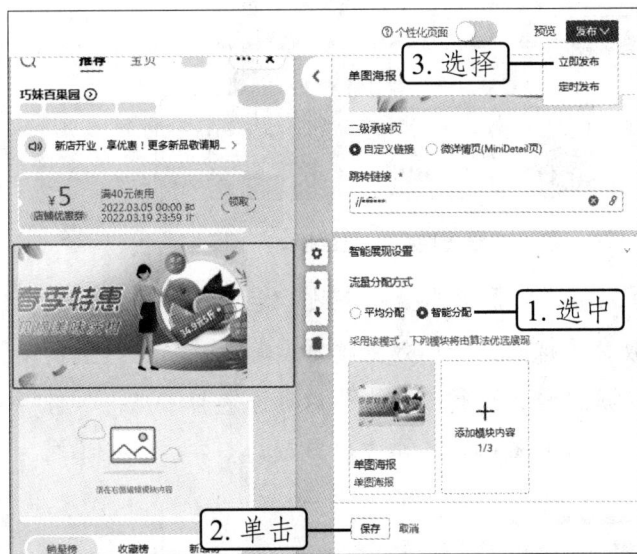

图2-122　发布页面　　　　图2-123　手机网店首页效果

任务四　推广网店

任务描述

通常，普通的网店开设初期，人气会比较低，竞争力会弱一些，此时商家需要适当地对商品进行推广宣传，以增加网店的流量。淘宝提供的推广方式和推广工具有很多，巧妹了解各种推广方式和推广工具的使用规则、条件后，决定使用极速推和直通车推广网店。

任务实施

👤 活动1　使用极速推推广网店

极速推是专门为商品快速增加曝光的推广工具，对新商家有流量扶持，这对巧妹来说是一款很适合的推广工具。使用极速推推广的商品可以在淘宝 App 的猜你喜欢、手淘搜索、互动场景等资源位获得专属流量曝光。巧妹将使用极速推推广已发布的沃柑，具体操作如下。

步骤 **01** 打开千牛商家工作台首页，在左侧选择"推广"选项，单击"极速推"超链接，在打开的页面中单击沃柑对应的"极速推广"超链接，如图2-124所示。

图2-124　单击"极速推广"超链接

步骤 **02** 打开"极速推"页面，在"您希望的投放金额"栏中设置投放金额，这里选中"99元"单选项，一般投放金额越高，推广效果越好，其他选项保持默认设置即可（初次推广目标只能设置为"曝光"，进行"曝光"后可设置为"点击"目标），单击 立即支付 按钮，如图2-125所示。在打开的页面中支付款项后，完成极速推广。

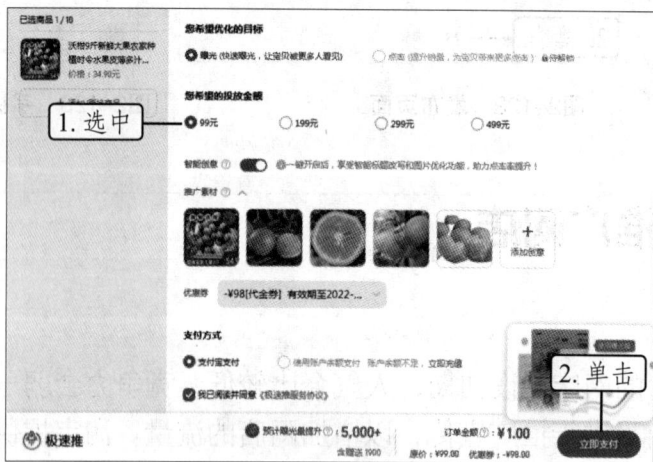

图2-125　极速推推广设置

活动2　使用直通车推广网店

直通车是淘宝商家常用的推广工具，其推广形式为商家通过设置推广关键词展示商品、获得流量，淘宝按照直通车流量的单击数收费，出价高的商品将被优先展示在直通车广告位中。直通车主要有两种推广方式，分别是智能推广和标准推广。智能推广是由直通车系统自动匹配推广方案，不需要或减少手动设置。标准推广需要商家自定义推广计划的日限额、投放位置、投放地域、投放时间等，可达到精准控制推广计划的目的。为了更好地控制推广效果，巧妹选择标准推广，具体操作如下。

步骤01 打开千牛商家工作台首页，在左侧选择"推广"选项，在"推广"栏中单击"直通车"超链接，在打开的页面中单击 前往直通车官网 按钮，如图2-126所示。

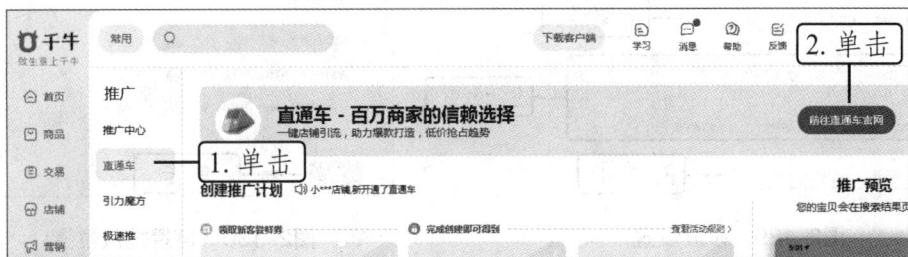

图2-126　单击"前往直通车官网"按钮

步骤02 打开直通车官网，在首页中单击 +新建推广计划 按钮，如图2-127所示，打开推广设置页面，选择"标准推广"选项，如图2-128所示。

图2-127　单击"新建推广计划"按钮　　图2-128　选择"标准推广"选项

步骤03 在"投放设置"栏的"计划名称"文本框中输入推广计划名称，为了便于区分，以"商品+时间"命名；将"日限额"设置为"150元"，"投放方式"设置为"智能化均匀投放"；在"高级设置"选项中单击"设置'投放位置/地域/时间'"超链接，如图2-129所示。

📋 **经验之谈**

设置日限额有利于合理控制成本；采用智能化均匀投放方式，系统会根据推广费用的花费情况自动调整商品展示情况。

步骤 04 打开"高级设置"对话框，"投放位置"选项卡中的各选项默认全部开启，单击 ▇▇ 按钮，如图2-130所示。

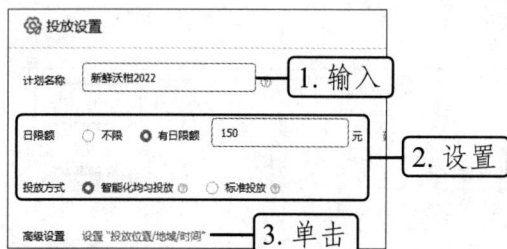

图2-129　投放设置

图2-130　设置投放位置

步骤 05 将鼠标指针移动到"高级设置"对话框外任意一处并单击，关闭对话框。

步骤 06 将鼠标指针移动到设置页面顶部的"工具"选项上，在打开的下拉列表中选择"洞察工具"栏中的"流量解析"选项，如图2-131所示。

图2-131　选择"流量解析"选项

步骤 07 在打开页面的"关键词分析"文本框中输入商品关键词"沃柑"，单击 ▇▇ 按钮，然后单击"竞争流量透视"选项卡，查看流量的地域分布情况，如图2-132所示。

步骤 08 重新打开"高级设置"对话框，单击"投放地域"选项卡，根据流量的地域分布情况设置投放地域，如图2-133所示。

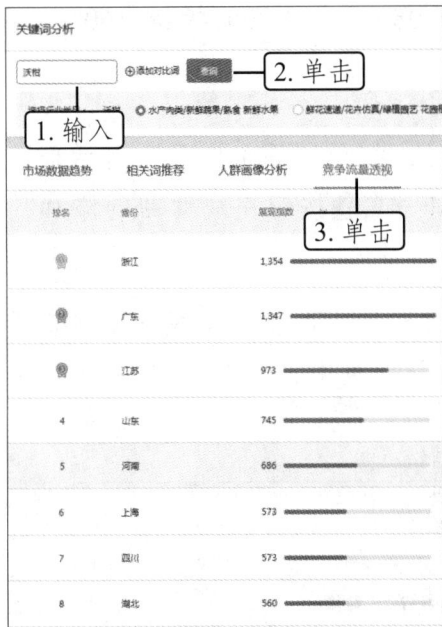

图2-132　查看流量的地域分布情况

图2-133　设置投放地域

步骤 09 单击"投放时间"选项卡，选中"全日制投放"单选项，拖曳鼠标选择01:00—09:00的方格区域，在打开的界面中设置01:00—10:00的折扣为60%，单击 确定 按钮。继续将10:00—11:00的折扣设置为120%、11:00—20:00的折扣设置为90%、20:00—24:00和0:00—01:00的折扣设置为100%，如图2-134所示。单击 确定 按钮保存设置，单击对话框右上角的 × 按钮，关闭"高级设置"对话框。

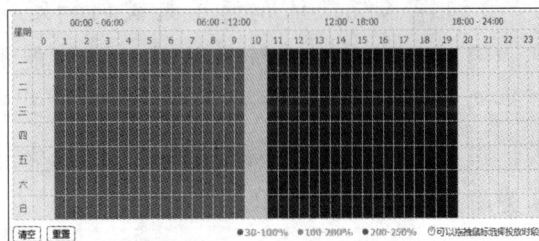

图2-134　设置投放时间

一般来说，在流量低谷时段，商家可以设置低折扣；在流量高峰时段，可以设置高折扣。例如，出价为1元，设置08:00—10:00的折扣为60%，表示08:00—10:00的出价为0.6元。

步骤 10 在"单元设置"栏中单击 添加宝贝 按钮，打开"添加宝贝"对话框，在"全部"选项卡中选中沃柑前的复选框，单击 确定 按钮完成商品的添加，如图2-135所示。

步骤 11 添加商品后，系统自动采用商品标题和商品主图生成商品在直通车广告位上的展示信息，并显示在"创意预览"面板中，如图2-136所示，单击 进一步添加关键词和人群 按钮。

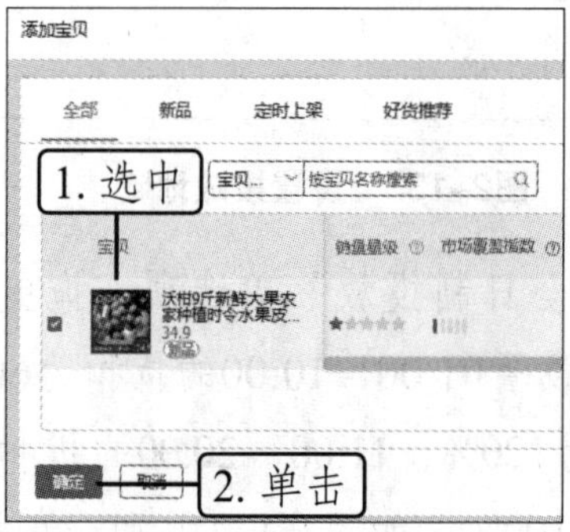

图2-135　添加商品

图2-136　创意预览

步骤 12 在打开的页面中设置推广方案，默认选择系统推荐的关键词和人群，关闭智能调价，单击 完成推广 按钮完成直通车广告投放，如图2-137所示。

直通车系统默认精选了关键词和定向推荐人群，一般保持默认设置即可。同时，直通车系统默认开启了智能调价功能，该功能用于拓展人群，根据网店访客的兴趣和行为特征提高出价，向目标人群精准推荐。作为新店，由于人群数据和销售数据少，缺少寻找精准客户的数据标准，所以巧妹关闭了智能调价，以节省推广费用。

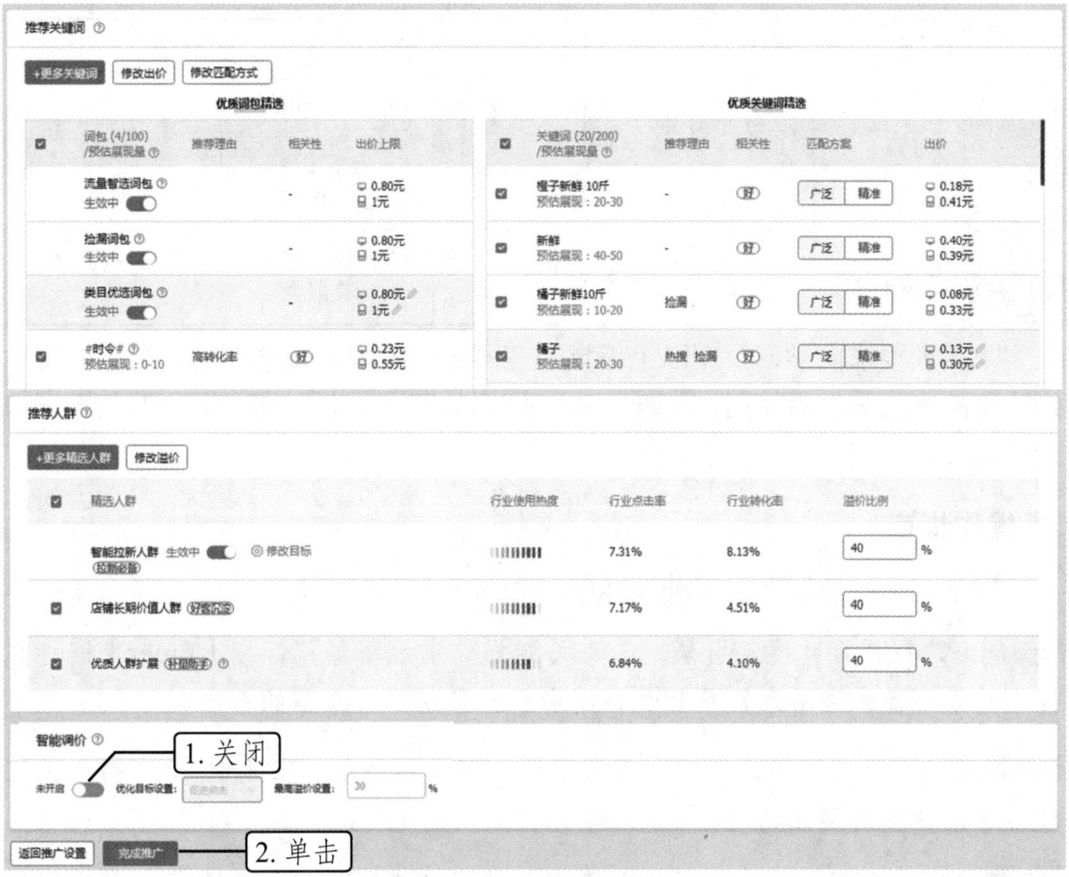

图2-137　设置推广方案

同步实训

实训一　提炼章姬草莓的卖点并拟定标题

实训描述

　　为了丰富自己网店中的商品种类，巧妹发布沃柑后，将在草莓收获季上新一些章姬草莓到网店中进行售卖。

　　章姬是草莓的一个优质品种，口味清香，有一股淡淡的牛奶香味，所以也被人称为"奶油草莓"或"牛奶草莓"。

　　巧妹家章姬草莓的商品信息如表2-4所示。

表 2-4　章姬草莓的商品信息

信息	名称	产地	规格	价格	物流
内容	章姬草莓	广西灵山县	大果 / 特大果 3 斤装	9.5 元 /10.5 元每斤	顺丰包邮
信息	口感	储存方式	储存时间	其他信息	
内容	奶香清甜	2℃～6℃冷藏保鲜	4 天	果园新鲜采摘，自然成熟，不打蜡，不催熟	

本实训要求同学们根据以上信息，在网络中搜索章姬草莓的资料，提炼章姬草莓的卖点；然后使用淘宝搜索功能挖掘关键词，并根据挖掘到的关键词拟定商品标题。

操作指南

同学们可参考如下步骤进行操作。

步骤 01 打开百度搜索引擎，输入关键词“章姬草莓”，按【Enter】键，在搜索结果页面中查看章姬草莓的介绍资料，了解章姬草莓的特点。

步骤 02 绘制九宫格，在中间方格填写“章姬草莓”，在其他8个方格内依次填写章姬草莓的卖点。

步骤 03 结合商品信息反复修改卖点，使卖点表述更精练、准确，并做出取舍，提炼出最终的商品卖点，如图2-138所示。

奶香清甜	自然成熟	柔软多汁
新鲜采摘	**章姬草莓**	果形端正
果园直销	营养美味	顺丰包邮

图2-138　提炼章姬草莓的卖点

步骤 04 打开淘宝网首页，通过输入“草莓”“奶油草莓”或“章姬草莓”等关键词搜索商品，在搜索结果页面中单击“销量”选项卡，将商品按销量降序排列，归纳销量较好的商品的标题中包含的关键词，最终拟定商品标题，如“广西新鲜章姬草莓当季水果头茬大果整箱顺丰包邮”。

实训评价

同学们完成实训操作后，提交实训报告，老师根据实训报告内容，按表2-5所示的内容评分。

表2-5　实训评价

序号	评分内容	总分	老师打分	老师点评
1	是否收集到有效的信息资料	20		
2	是否准确地提炼出章姬草莓的卖点	40		
3	是否撰写出具有吸引力的商品标题	40		

总分：_____

实训二　制作章姬草莓的主图与详情页

实训描述

本实训要求同学们根据章姬草莓的商品信息制作第一张商品主图和详情页。

操作指南

第一步 制作章姬草莓的主图

本实训将通过 Photoshop 2022 制作第一张商品主图，为了达到吸引消费者注意力的目的，以粉色为主色，将草莓原图放在主图的中间，用于展现草莓的"甜美"；主图的上方放置卖点文案，体现草莓的新鲜；主图的下方添加运输方式，以打消消费者的顾虑。

同学们可参考如下步骤进行操作。

步骤 01 启动Photoshop 2022，选择【文件】/【新建】命令，新建名为"草莓主图.psd"、宽度为"800 像素"、高度为"800 像素"、颜色模式为"RGB 颜色"的文件。

步骤 02 执行【文件】/【置入嵌入对象】命令，置入主图背景图片（配套资源：\素材\项目二\实训二\主图背景.png），调整图片的大小和位置，使其布满画布，效果如图2-139所示。

步骤 03 执行【图层】/【新建】/【图层】命令新建图层，选择"钢笔工具"

，在图像的顶部绘制波浪形状，并填充颜色为 "#ff7a7b"。

步骤 04 双击绘制的波浪形状所在的图层，打开"图层样式"对话框，选中"投影"复选框，设置不透明度为 "75%"、角度为 "120度"、距离和大小分别为 "0 像素" 和 "2 像素"，单击 <u>确定</u> 按钮，如图2-140所示。

步骤 05 选择"横排文字工具" **T**，设置字体为"方正剪纸简体"，字体颜色为 "#fdfdfd"，然后输入文本内容"章姬草莓"并调整文本大小。

步骤 06 选择"矩形工具" ，绘制颜色为 "#ffffff"、大小为 "540像素×60像素"、圆角半径为 "10像素" 的圆角矩形。

步骤 07 选择"横排文字工具" **T**，设置字体为"方正粗黑宋简体"，字体颜色为 "#ff7a7b"，输入文本内容"新鲜采摘 营养美味"并调整文本大小，效果如图2-141所示。

图2-139 背景效果 　　　　图2-140 设置投影 　　　　图2-141 文本效果

步骤 08 选择"矩形工具" ，设置填充颜色为 "#ff7a7b"，在章姬草莓下方绘制大小为 "800 像素×100 像素" 的矩形，如图2-142所示。

步骤 09 新建图层，选择"钢笔工具" ，在矩形的上方绘制图2-143所示的形状，设置填充颜色为 "#ffffff"。

步骤 10 双击形状图层，打开"图层样式"对话框，选中"描边"复选框，设置大小为 "2 像素"，颜色为 "#fffd2e"，然后选中"投影"复选框，单击 <u>确定</u> 按钮，如图2-144所示。

步骤 11 选择"矩形工具" ，绘制颜色为 "#000000"、大小为 "295 像素×117 像素"、圆角半径为 "20像素" 的圆角矩形。

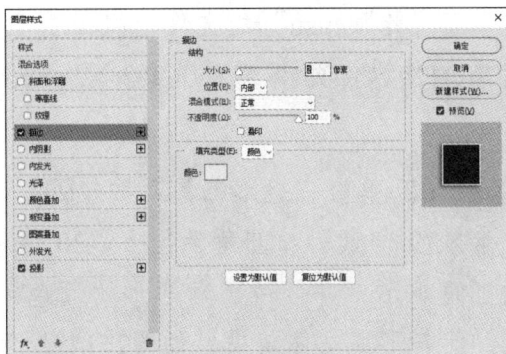

图2-142 添加矩形　　图2-143 绘制形状　　图2-144 设置描边和投影

步骤 12 将快递公司的图标拖曳到图像中（配套资源：\素材\项目二\实训二\制作主图\快递图标.png），并调整大小和位置，效果如图2-145所示。

步骤 13 选择"横排文字工具" **T**，设置字体为"方正粗黑宋简体"，然后在图片下方输入图2-146所示的文本内容（文本颜色分别为"#fb0000""#ffffff"），调整文本的大小、位置。

步骤 14 双击"28.5元 包邮"文本图层，打开"图层样式"对话框，选中"投影"复选框，设置颜色为"#fb0000"、距离为"3 像素"、大小为"0 像素"，然后单击 确定 按钮，完成主图的制作，效果如图2-147 所示（配套资源：\效果\项目二\实训二\草莓主图.psd、草莓主图.png）。

图2-145 添加快递图标　　图2-146 添加文字内容　　图2-147 商品主图效果

第二步 制作章姬草莓的详情页

本实训将通过 Photoshop 2022 制作详情页，该详情页由焦点图、商品介绍、鲜果实拍和售后 4 个部分组成，主要体现章姬草莓的味美、自然、安全等卖点，以提升消费者的吸引力。

同学们可参考如下步骤进行操作。

步骤 01 启动Photoshop 2022，新建大小为750 像素×6200 像素、名称为

"草莓详情页.psd" 的文件，将详情页草莓背景（配套资源：\素材\项目二\实训二\制作详情页\详情页草莓背景.png）拖曳到图像文件顶部，效果如图2-148所示。

步骤 02 单击"矩形工具"按钮▢，绘制颜色为"#a80000"、大小为"282像素×79像素"、圆角半径为"20像素"的圆角矩形。按【Ctrl+J】组合键复制圆角矩形，并修改圆角矩形的颜色为"#f50021"，然后调整两个矩形的位置，使其形成立体效果，如图2-149所示。

步骤 03 单击"横排文字工具"按钮**T**，设置字体为"方正兰亭黑简体"，然后输入图2-150所示的文本内容（文本颜色分别为"#f30000""#ffffff"），并调整文本的大小、位置。

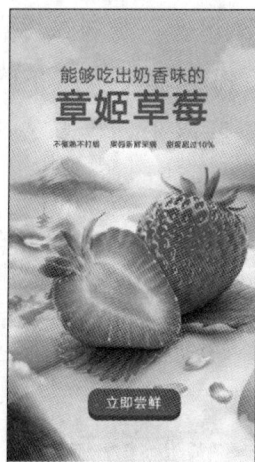

图2-148　添加背景　　图2-149　绘制并复制圆角矩形　图2-150　输入文本内容

步骤 04 双击文字"章姬草莓"所在图层，打开"图层样式"对话框，选中"渐变叠加"复选框，设置"渐变"为"#ff7252～#c30000"、"角度"为"-90度"，如图2-151所示。

步骤 05 在"图层样式"对话框中选中"投影"复选框，设置颜色为"#cd0101"、角度为"120度"、距离为"3像素"、大小为"0像素"，单击 确定 按钮，如图2-152所示。

步骤 06 将"图1.png""图2.png""图3.png"图片（配套资源：\素材\项目二\实训二\制作详情页\图1.png、图2.png、图3.png）拖曳到图像文件中，调整其大小和位置，如图2-153所示。

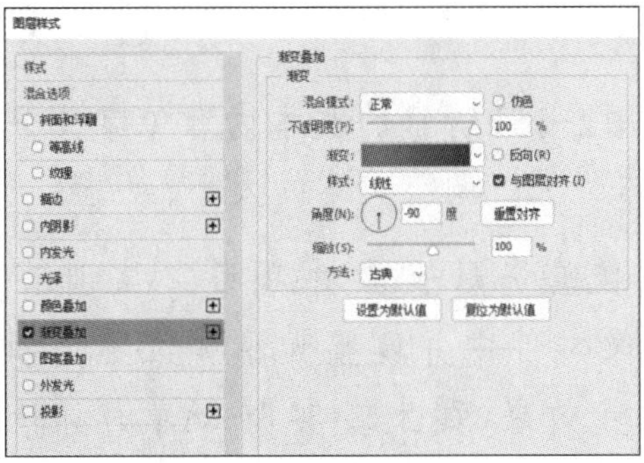

图2-151 设置渐变叠加

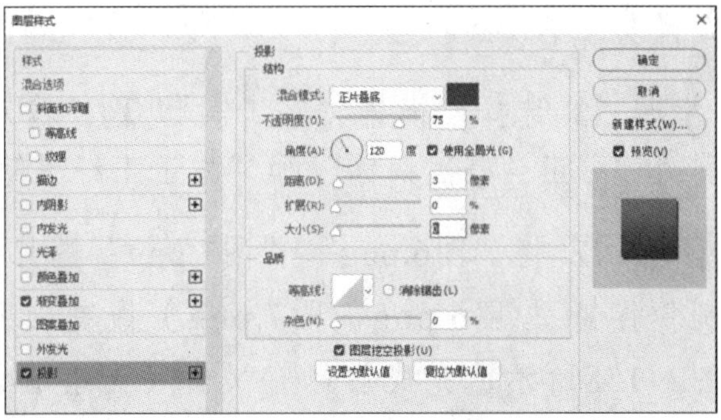

图2-152 设置投影

步骤 07 选择"矩形工具"按钮▢，分别绘制一个220 像素×280 像素（填充颜色为"#ff8601"）、两个750 像素×150 像素（填充颜色为"#75a428"）的矩形，如图2-154所示。

步骤 08 选择"横排文字工具"按钮 **T.**，输入图2-155所示的文本内容（字体分别为"方正兰亭黑简体"和"方正正大黑简体"），调整文本的大小、位置，并单击"直线工具"按钮 ／.，在文本的中间区域绘制竖线。

图2-153 添加图片

图2-154 绘制矩形

图2-155 输入文本内容

步骤 09 将"图4.png""图5.png"图片（配套资源：\素材\项目二\实训二\制作详情页\图4.png、图5.png）拖曳到图像文件中并调整大小和位置，然后使用步骤07的方法绘制矩形，并设置矩形的不透明度为"60%"，如图2-156所示。

步骤 10 选择文本"章姬草莓"，按住【Alt】键不放，向下拖曳复制文本，并修改文本内容。

步骤 11 选择"横排文字工具" T，输入图2-157所示的文本内容（字体分别为"方正兰亭黑简体"和"方正正纤黑简体"），调整文本的大小、位置。

步骤 12 将"图6.png""图7.png"图片（配套资源：\素材\项目二\实训二\制作详情页\图6.png、图7.png）拖曳到图像文件中并调整大小和位置，如图2-158所示，完成后保存文件（配套资源：效果\项目二\实训二\草莓详情页.psd、草莓详情页.png）。

图2-156 添加图片并绘制矩形　　图2-157 输入文本内容　　图2-158 添加图片

💬 实训评价

同学们完成实训操作后，提交实训报告，老师根据实训报告内容，按表2-6所示的内容评分。

表2-6 实训评价

序号	评分内容	总分	老师评分	老师点评
1	是否掌握 Photoshop 的基本操作	30		
2	是否完整、快速地制作出商品主图和详情页	30		
3	是否制作出具有吸引力的商品主图和详情页	40		

总分：＿＿＿＿＿＿＿＿＿

实训三 在千牛商家工作台中发布章姬草莓

实训描述

本实训要求同学们进入千牛商家工作台，首先将制作的第一张商品主图、详情页及其他4张主图素材上传到图片空间，然后设置商品的各项信息并发布商品。

操作指南

同学们可参考如下步骤进行操作。

步骤 01 进入千牛商家工作台，将素材图片（配套资源：\素材\项目二\实训三\草莓主图.png、主图2.jpg、主图3.jpg、主图4.jpg、主图5.jpg、草莓详情页.jpg）上传到图片空间。

步骤 02 打开商品发布页面，在"基础信息"栏中设置宝贝类型和宝贝标题，如图2-159所示。

步骤 03 在"类目属性"栏中设置商品属性，包括包装方式、产地、水果种类等。

步骤 04 根据商品规格和价格信息，在"销售信息"栏中设置销售信息，如图2-160所示。

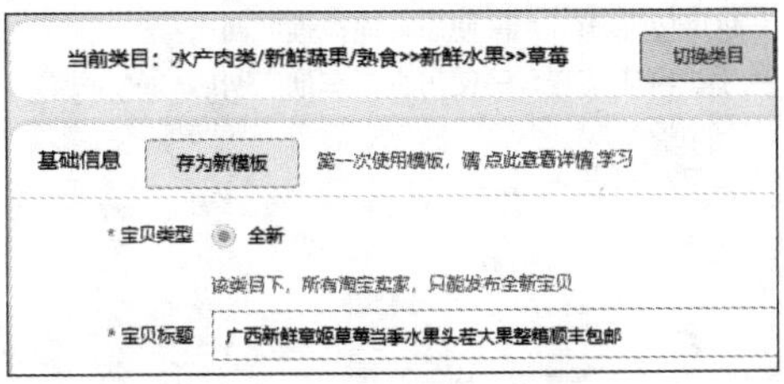

图2-159 设置基础信息

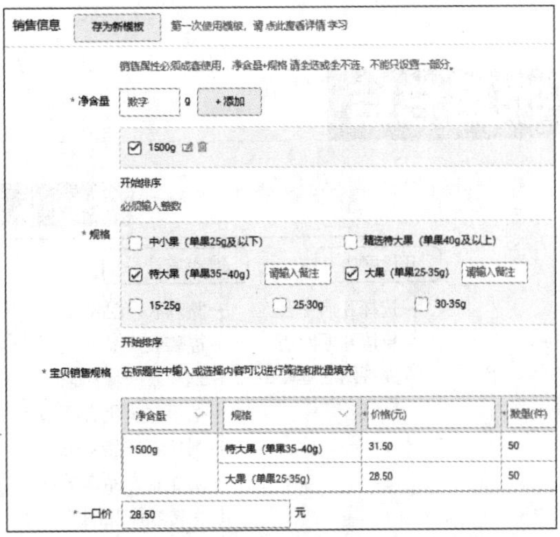

图2-160 设置销售信息

步骤 05 在"物流信息"栏和"支付信息"栏设置物流信息和支付信息等。

步骤 06 在"主图图片"栏中上传商品主图，如图2-161所示。上传主图后，继续上传详情页。完成商品信息的设置后，单击 提交宝贝信息 按钮发布商品。

图2-161　上传商品主图

💬 **实训评价**

同学们完成实训操作后，提交实训报告，老师根据实训报告内容，按表 2-7 所示的内容评分。

表 2-7　实训评价

序号	评分内容	总分	老师打分	老师点评
1	是否成功发布了商品	50		
2	是否正确设置了商品信息	50		

总分：＿＿＿＿＿＿＿

项目总结

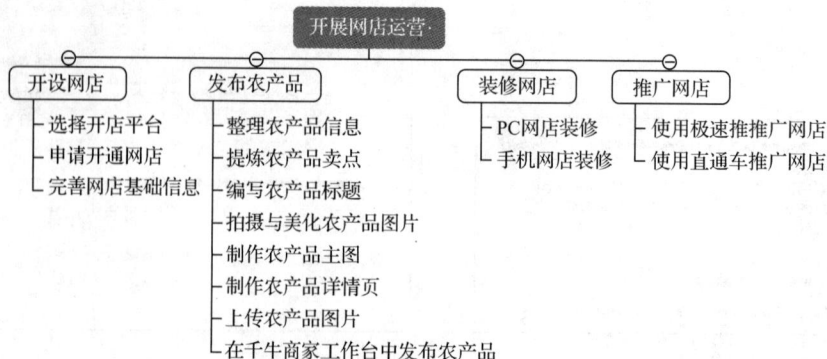

项目三
试水微信营销

情境创设

　　经营网店一段时间后，巧妹发现仅在淘宝站内引流已经不能满足网店当前的发展需求，还要尽可能地借助站外的渠道为网店引流。

　　对于巧妹而言，借助新媒体进行农产品宣传、推广，为网店引流，是拓展销售渠道的一种有效方式。而在众多的新媒体平台中，微信用户规模大，操作简单，也是巧妹日常频繁使用的社交工具，是巧妹"试水"新媒体营销的首选平台。巧妹将通过微信个人号、微信群、微信公众号的运营提高农产品的展现量与知名度，从而促成交易。

学习目标

知识目标

1. 掌握微信个人账号设置和引流的方法。
2. 掌握创建微信群、在微信群中推广农产品的方法。
3. 掌握注册并设置微信公众号、设置被关注回复及编辑公众号文章的方法。

技能目标

1. 能够根据营销目的规划微信个人号、微信公众号的账号信息。
2. 能够通过收集整理资料完成农产品微信营销文案的撰写。
3. 能够通过微信个人号、微信群、微信公众号推广农产品。

素质目标

1. "朋友圈不是法外之地"，切忌发布虚假广告。
2. 使用网络素材时要避免侵权行为，发布内容时要遵守法律法规。

任务一 微信个人号营销

任务描述

巧妹了解到，微信个人号营销首先需要打造具有特色的微信个人账号，建立与好友的信任关系；有了信任，微信好友才会主动了解发布的信息。于是，巧妹开始打造个性化的微信个人账号，并在朋友圈中推广农产品。

任务实施

活动1 设置微信个人账号

微信个人账号就是一张非常直观的名片，巧妹需要设置微信个人账号的名字、头像、微信号和个性签名等信息，以展示个人形象。

第一步 确定账号设置方案

打造微信个人账号，巧妹首先需要确定用于营销的微信个人账号的设置方案，主要包括名字、头像、微信号和个性签名等。

（1）名字。微信个人账号的名字应简单明确、方便记忆，一般可以直接传递营销意图，向目标消费者展示自己的职业、品牌及所提供的产品或服务等。

例如，采用"名字（或简称）+ 职业"或"名字（或简称）+ 服务"的组合。巧妹为建立个人品牌，决定采用"网店名称 + 服务"的组合作为微信个人账号的名字，即"巧妹百果园 - 只卖好水果"。

（2）头像。用于营销的微信个人账号可以将个人照片、特色标志、公司Logo 等作为头像，头像应清晰美观，裁剪合理、比例适宜。巧妹决定将个人照片作为头像，使个人形象更真实，以取得消费者的信任。

（3）微信号。微信号指微信 ID，通常是一组字母、数字和符号的组合。微信号应便于记忆和输入，方便消费者搜索查找。通常，微信号可以设置为与名字有关联性的字母、数字和符号的组合，因此，巧妹决定以"网店名称部分拼音 + 年份"作为微信号，即"qmbaiguo2022"。

（4）个性签名。个性签名可作为名字所表达的信息的补充，如较为详细的个人特长、所获荣誉，品牌、产品或服务的特点介绍等。巧妹撰写的个性签名为"大山里的水果，不催熟、不打蜡，看得见的新鲜，忘不了的美味！"。

第二步　设置账号

确定账号设置方案后，巧妹将按照方案确定的内容着手设置微信个人账号，具体操作如下。

步骤 01 打开微信App，点击微信主界面中的"我"选项，在打开的界面中点击账号头像，打开"个人信息"界面，点击"头像"图标，如图3-1所示。

步骤 02 打开"头像"界面，点击右上角的 按钮，在打开的列表中点击"从手机相册选择"选项，如图3-2所示。

步骤 03 打开手机相册，选择头像图片（配套资源：\素材\项目三\微信头像.jpg），进入图片编辑界面，裁剪图片后点击 确定 按钮，如图3-3所示。

步骤 04 返回"个人信息"界面，点击"名字"选项，打开"更改名字"界面，输入"巧妹百果园-只卖好水果"，点击 保存 按钮，如图3-4所示。

步骤 05 返回"个人信息"界面，点击"微信号"选项，在打开的界面中点击 修改微信号 按钮，如图3-5所示，根据提示，在打开的界面中输入登录密码，然后修改微信号为"qmbaiguo2022"。

步骤 06 返回"个人信息"界面，点击"更多信息"选项，打开"更多信息"界面，点击"个性签名"选项，打开"个性签名"界面，输入"大山里的水果，不催熟、不打蜡，看得见的新鲜，忘不了的美味！"，点击 保存 按钮，如图3-6所示，完成账号的设置。

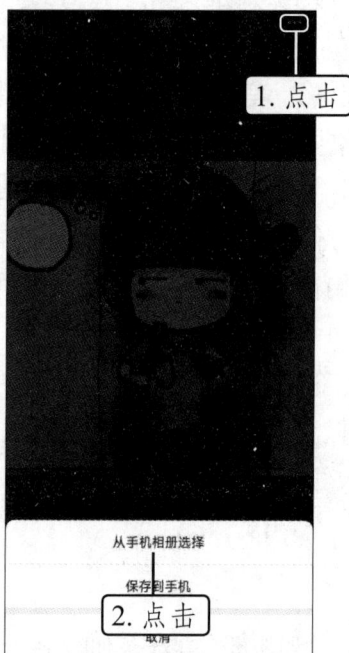

图3-1　点击"头像"图标　图3-2　点击"从手机相册选择"选项　图3-3　更改头像

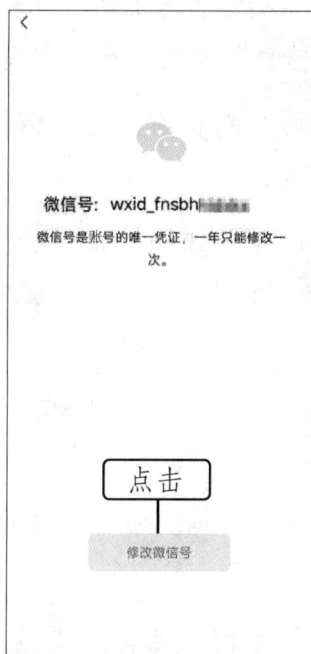

图3-4　更改名字　　　　图3-5　修改微信号　　　　图3-6　更改个性签名

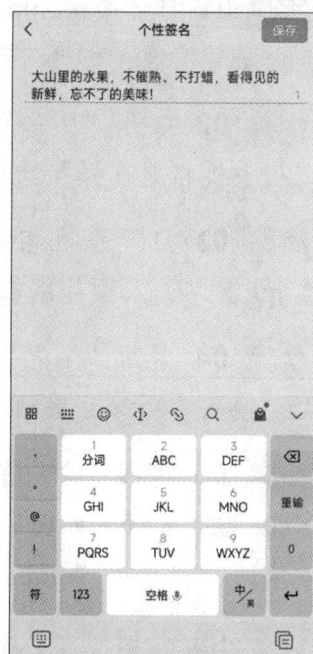

┌─────────────────────────────────────
📋 **经验之谈**

　　用于营销的微信个人账号的名字可添加联系电话，但字数不宜太多，一般电话号码前面的文字控制在8个字以内。添加电话号码可以方便潜在消费者通过电话联系，咨询相关事宜。
└─────────────────────────────────────

👤 活动2　微信个人号引流

　　微信个人号引流，是指吸引更多的消费者添加为微信好友。微信好友是微信个人号开展营销的基础，只有拥有了良好的人脉资源，微信个人号的营销活动才可能稳定地持续下去。巧妹依次通过手机通讯录、微信群、外部平台、线下这4种途径为个人号引流。

第一步 通过手机通讯录添加好友

　　一般来说，手机通讯录中的联系人是商家的原始人脉，已经有过基础的接触和交流，将其添加为微信好友的成功率较高。通过手机通讯录添加微信好友的方法：在打开的界面中点击右上角的⊕按钮，在打开的列表中点击"添加朋友"选项，如图3-7所示；打开"添加朋友"界面，点击"手机联系人"选项，如图3-8所示；然后根据提示选择要添加的手机联系人即可。

图3-7　点击"添加朋友"选项　　图3-8　点击"手机联系人"选项

第二步 通过微信群添加好友

　　同一个微信群的人一般具有某些关联性，如处于同一个交友圈子、有共同的学习目标等。而在微信群中的人，彼此之间可能已经是好友关系，也可能不是。针对这种情况，巧妹可以在微信群中找到目前不是好友的目标消费者，将其添加为微信好友，方法是：在微信群中点击目标消费者的头像，如图 3-9 所示；在打开的界面中点击"添加到通讯录"选项，如图 3-10 所示；打开"申请添加朋友"界面，在"发送添加朋友申请"文本框中输入申请原因或个人介绍等，点击████按钮，如图 3-11 所示。

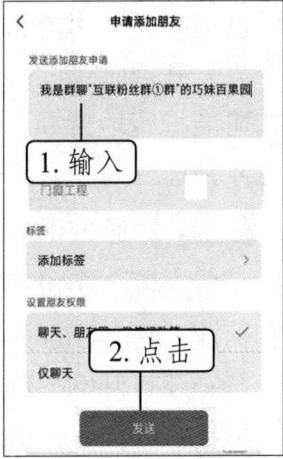

图 3-9　点击目标消费者的头像　　图 3-10　点击"添加到通讯录"　图 3-11　发送添加朋友申请
　　　　　　　　　　　　　　　　　　　选项

第三步 通过外部平台推广微信个人号添加好友

外部平台推广即通过微信以外的平台推广，例如，将微信个人号信息发布在 QQ、微博、快手、抖音、西瓜视频、今日头条、知乎、简书、小红书等平台上，如在这些平台上的账号信息中附上微信个人号信息，或通过图文、视频、直播等方式发布营销信息时植入微信个人号信息，邀请目标消费者添加微信好友等。巧妹平时会在抖音上浏览短视频，她也有意借助抖音进行农产品营销，因此选择在抖音个人简介中留下微信号，如图 3-12 所示。

图3-12　在抖音个人简介中留下微信号

经验之谈

需要注意的是，不同平台有不同的规则，商家通过外部平台推广微信个人号时，要详细了解这些平台是否允许在账号信息或营销文案中附上微信个人号信息。同时，在外部平台通过发布营销信息推广微信个人号时，一般不建议采用"现在添加微信好友，送好礼××"这种诱导消费者添加好友的方式，因为这种方式容易遭到外部平台的抵制，平台甚至会做出封号的处罚。最好通过软文推广的方式，循序渐进地推广微信个人号。

第四步 通过线下推广微信个人号添加好友

除了通过线上推广微信个人号添加好友，巧妹还将通过线下推广微信个人号添加好友。首先，巧妹在微信主界面点击"我"选项 ，在打开的界面中点击头像，打开"个人信息"界面，点击"二维码名片"选项，打开"二维码名片"界面，点击右上角的 按钮，在打开的列表中点击"保存到手机"选项，如图 3-13 所示，将二维码图片保存到手机中。然后，巧妹把二维码图片打印到宣传单和工作牌上，并到广场、公园、水果市场等场所，通过开展促销活动吸引消费者的注意，邀请目标消费者扫描二维码添加好友。

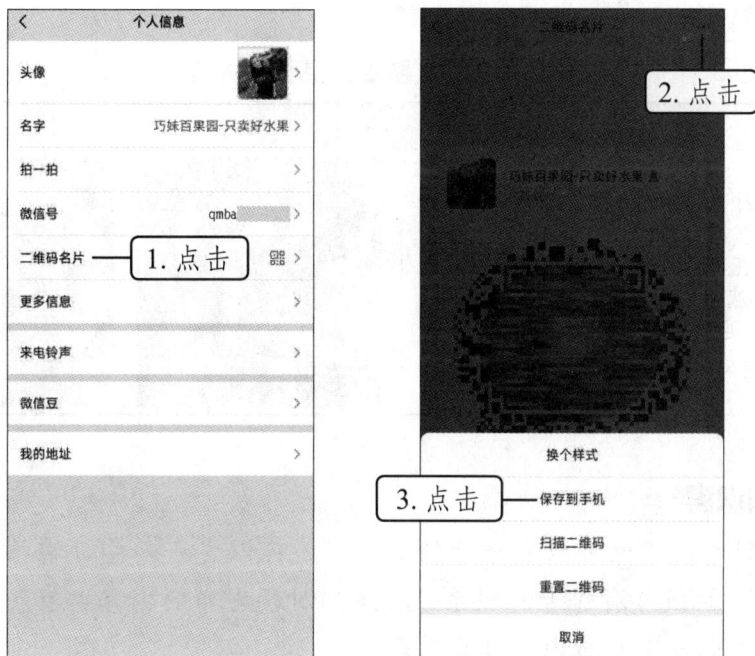

图 3-13 保存二维码图片

👤 活动3　在朋友圈中推广农产品

巧妹在积累了一定的微信好友后，开始准备在朋友圈中推广农产品。巧妹的网店正在销售沃柑，为了增加销量，巧妹决定在朋友圈针对沃柑发布营销文案，将微信好友引导至网店的商品详情页下单购买。在微信朋友圈推广农产品，首先要想好发布内容，并准备好相关图片，然后在朋友圈发布。

第一步 策划农产品营销文案

在朋友圈发布广告，一般来说，经过"包装"的广告更容易让人接受，且显示优惠信息可以更好地吸引好友等。巧妹决定先策划农产品营销方案，用简短的文本内容＋配图的方式表达商品的特点和优惠信息，同时在千牛商家工作台中复制商品链接并插入文案中。

为了避免出错，巧妹正式发布营销文案前，提前编写好文本内容，并准备好相关的配图（配套资源：\素材\项目三\朋友圈图1.jpg、朋友圈图2.jpg），如表3-1所示。

表3-1　朋友圈农产品营销内容

文字	图片素材
沃柑皮薄多汁，果肉细嫩，汁水香甜清爽，像个天然的水果罐头，不少人称它为"柑橘之王"，吃一次想一年！巧妹家的沃柑自然成熟，不催熟、不打蜡，现在领券购买大果9斤仅49.9元！赶紧戳链接https://******	

💡 知识窗

微信朋友圈不仅可以发布营销文案，还可以发布一些日常信息，与消费者互动，加强与消费者的联系，且不同时段发布的内容也有区别，不同时段的微信朋友圈发布内容可参考表3-2。

表 3-2　不同时段的微信朋友圈发布内容

序号	发布时间	发布内容	原因
1	7:30—8:30	发心情、笑话、情感励志等，最好不要发广告	新的一天，很多消费者醒来很期待朋友圈更新的内容，更重要的是可以在上班路上浏览，使人放松、催人向上的内容更合适
2	9:00—10:30	可以发生活照，并加入商品图，也可以发理想、感悟	工作时间，有的消费者会偶尔看下朋友圈，在紧张、忙碌的工作氛围中，生活照会让对方感受到生活气息，理想、感悟可以引发情感共鸣
3	11:30—12:30	在朋友圈通过点赞、评论、回复评论等与消费者互动	消费者午餐或准备午休的时段，也是忙碌一上午后的休息时段，在朋友圈互动可以放松心情、打发时间
4	13:00—14:00	发一条商品信息，可以是商品交易信息、客户反馈，也可以包含促销内容	很多消费者会在这一时段浏览朋友圈，并且有较多时间了解商品详情
5	17:30—18:00	发一条在打包商品或发完货的心情之类的信息	有的消费者在下班路上会浏览朋友圈，在打包商品或发完货的心情之类的信息能起到加深消费者对商品印象的作用
6	19:00—22:00	可以发商品信息	消费者晚上吃饭、休息的时段，心情放松，有较充足的空闲时间了解商品详情，做出购买决策

💡 **知识窗**

第二步 发布农产品营销文案

　　巧妹拟定朋友圈的营销文案后，选择了合适的时机发布营销文案，具体操作如下。

步骤 01 打开微信主界面，点击"发现"选项📷，打开"发现"界面，点击"朋友圈"选项。

步骤 02 打开"朋友圈"界面，点击右上角的📷按钮，在打开的列表中点击"从相册选择"选项，如图3-14所示。

步骤 03 在打开的界面中选择提前准备好的图片素材，点击 完成(2/9) 按钮。

步骤 04 打开编辑界面，输入准备好的营销文案，并适当插入表情符号，如图3-15所示。点击"发表"按钮 发表 ，文案发布效果如图3-16所示。

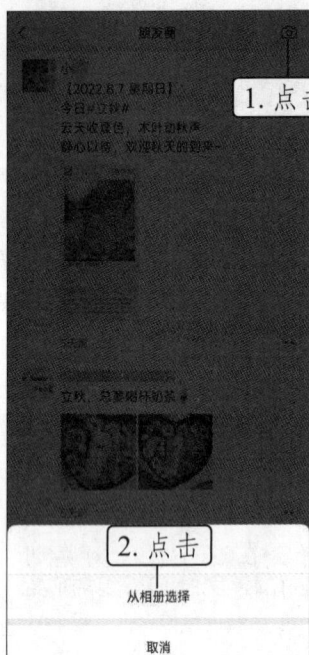

图3-14 从相册选择图片 图3-15 输入营销文案 图3-16 文案发布效果

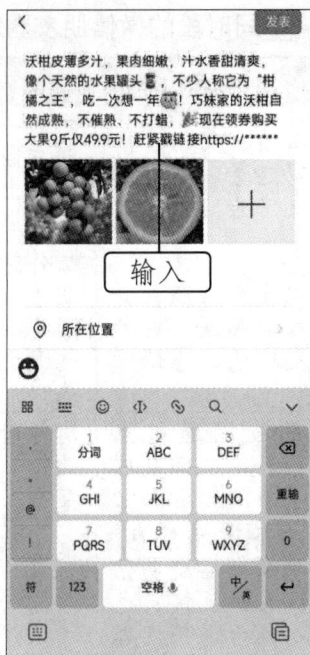

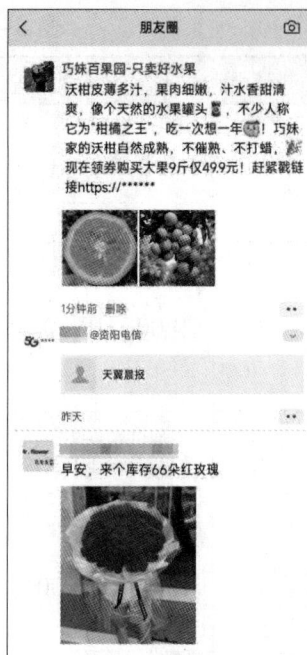

素养小课堂

商家不得以虚构交易、编造消费者评价等方式进行虚假宣传，欺骗、误导消费者。根据《中华人民共和国广告法》的规定，发布虚假广告且给消费者造成损失的，将被处以罚款，情节严重构成犯罪的还须承担刑事责任。我们务必牢记"朋友圈不是法外之地"，切忌发布虚假广告。

任务二 微信群营销

任务描述

通过微信个人号营销了一段时间后，巧妹发现购买农产品的好友较多，她认为可以创建微信群，通过微信群开展营销活动，实现更加精准的营销。

任务实施

活动1 创建微信群

巧妹将创建"百果园水果优惠群"，并发布群公告，具体操作如下。

步骤 01 在微信主界面中点击右上角的 ⊕ 按钮，在打开的列表中点击"发起群聊"选项，打开"发起群聊"界面，选中要添加的群成员，点击 完成(64) 按钮，如图3-17所示。

步骤 02 进入"群聊"界面，点击右上角的 ··· 按钮，在打开的"聊天信息"界面中点击"群聊名称"选项，如图3-18所示。

步骤 03 打开"修改群聊名称"界面，输入群聊名称"百果园水果优惠群"，点击 完成 按钮，如图3-19所示。

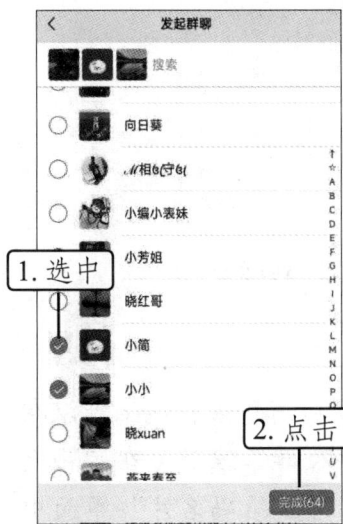

图 3-17 选择群成员　　图 3-18 点击"群聊名称"选项　　图 3-19 修改群聊名称

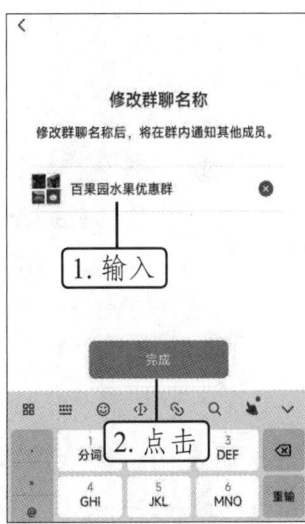

步骤 04 返回"聊天信息"界面，点击"群公告"选项，在打开的"群公告"界面中输入"生态种植，更多健康！热卖本地当季特色水果，优惠多多～"，点击 完成 按钮，如图3-20所示。

📋 **经验之谈**

发布群公告的目的不同，对应的公告内容也不同。公告内容可以为群规则、折扣促销信息、优惠通知、发货时间及快递运输注意事项等。

步骤 05 在打开的提示框中点击"发布"选项，微信会自动以群消息的形式通知全部群成员，如图3-21所示。

图 3-20 输入群公告

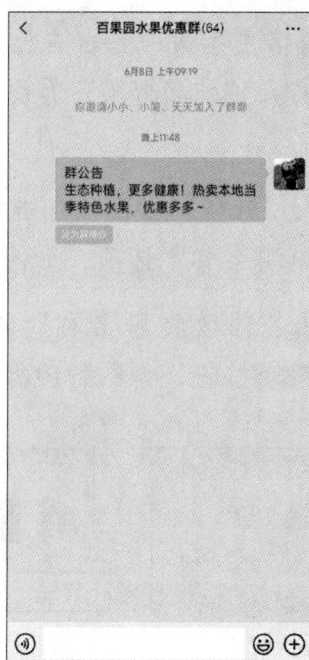

图 3-21 发布群公告

📋 经验之谈

推广微信群时，线下可利用加群送礼品等方式吸引消费者；线上可以在微信朋友圈、公众号或外部平台分享干货内容时插入群二维码（在"聊天信息"界面中点击"群二维码"选项，在打开的"群二维码名片"界面中可下载群二维码），邀请消费者加群。

活动2 在微信群中推广农产品

在微信群中推广农产品时，巧妹主要从消息推送、福利推送、售后服务 3 个方面入手。

（1）在消息推送方面，巧妹会及时在微信群中推送农产品上新、农产品保鲜、农产品健康养生、农产品美食制作等消息。

（2）在福利推送方面，巧妹一方面推送农产品的折扣、优惠信息，如图 3-22 所示；另一方面不定时地举行抽奖活动，奖品有时为现金红包，有时为农产品。

（3）在售后服务方面，一方面，巧妹积极收集消费者在微信群中反馈的售后问题，并及时予以解决，如图 3-23 所示；另一方面，巧妹在和消费者交流的过程中，鼓励消费者积极提出意见和建议，以更好地了解消费者的消费需求。

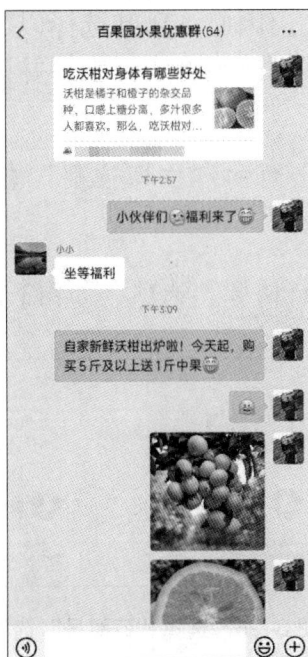

图 3-22 福利推送

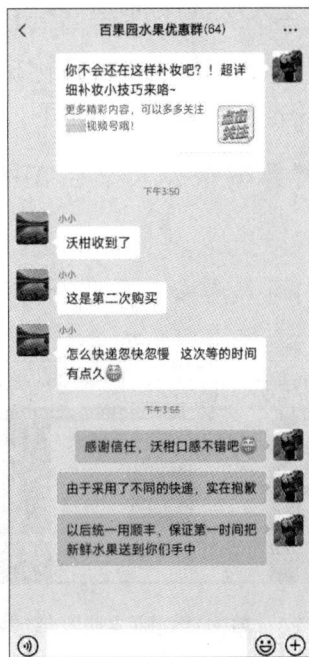

图 3-23 售后服务

📋 **经验之谈**

与朋友圈发布信息类似，微信群中除了可以发布商品相关的信息外，通常还可根据群成员的特征发布有价值的其他内容。例如，针对家庭主妇、上班族，可发布家居收纳技巧、清洁小妙招、绿植养护技巧、家庭安全知识等家居生活类信息；针对青年学生、时尚女性，可发布娱乐、时尚美妆等信息。

任务三 微信公众号营销

任务描述

微信公众号是微信营销的重要工具。在运营微信个人号、微信群的同时，巧妹将申请开通微信公众号，并通过微信公众号推广农产品。

任务实施

👤 活动 1 注册并设置微信公众号

微信公众号的账号类型分为订阅号、服务号、小程序和企业微信，其中，订阅号更适合个人或企业传播信息，发布推文。因此，巧妹选择以个人身份注册订阅号，账号名称与网店名称相同，账号头像使用网店标志，并设置一个便于记忆的微信号，具体操作如下。

步骤 01 打开微信公众平台官网，单击右上角的"立即注册"超链接，如图3-24所示。

步骤 02 打开微信公众号注册页面，选择"订阅号"选项，如图3-25所示。

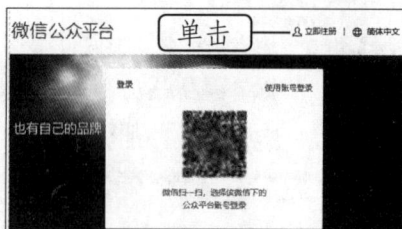

图 3-24　单击"立即注册"超链接　　　图 3-25　选择"订阅号"选项

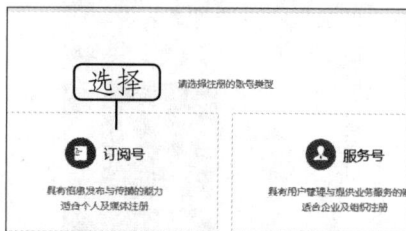

步骤 03 打开"基本信息"页面，在"邮箱"文本框中输入邮箱地址，单击 激活邮箱 按钮，如图3-26所示。

步骤 04 在打开页面的"验证码"文本框中输入验证码，单击 发送邮件 按钮，如图3-27所示。

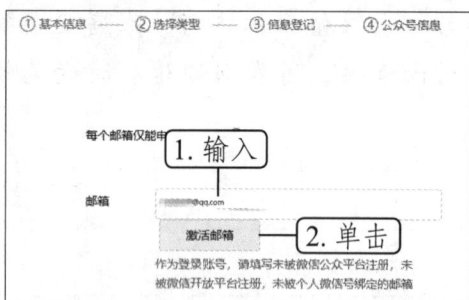

图 3-26　输入邮箱地址并单击"激活邮箱"按钮　　　图 3-27　输入验证码

步骤 05 登录注册时使用的邮箱，打开微信公众平台发送的邮件，查看其中的验证码，然后返回"基本信息"页面，在"邮箱验证码"文本框中输入验证码，再输入并确认密码，选中"我同意并遵守《微信公众平台服务协议》"复选框，单击 注册 按钮，如图3-28所示。

步骤 06 打开"选择类型"页面，根据实际情况选择注册地，单击 确定 按钮，在打开的页面中单击"订阅号"栏中的"选择并继续"超链接，如图3-29所示。

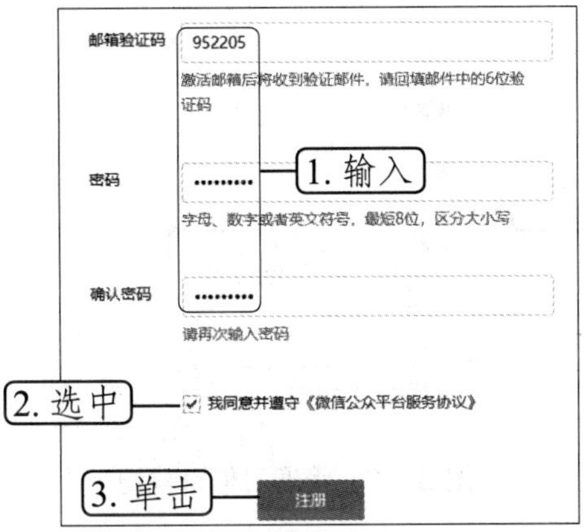

图 3-28　填写邮箱验证码和密码 　　图 3-29　单击"选择并继续"超链接

步骤 07 打开"温馨提示"对话框，单击 确定 按钮，确认所选账号类型。

步骤 08 在打开的页面中选择主体类型，这里选择"个人"选项，如图3-30所示。

步骤 09 打开确认身份页面，输入身份证姓名和身份证号码，如图3-31所示。以企业为主体注册微信公众号，还须提交企业名称、营业执照等资料。

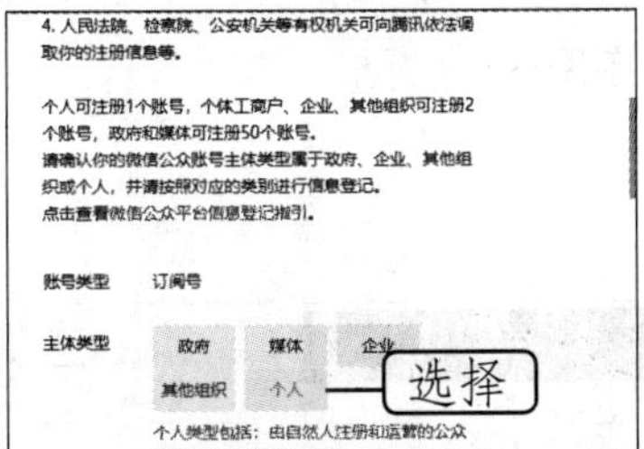

图 3-30　选择主体类型 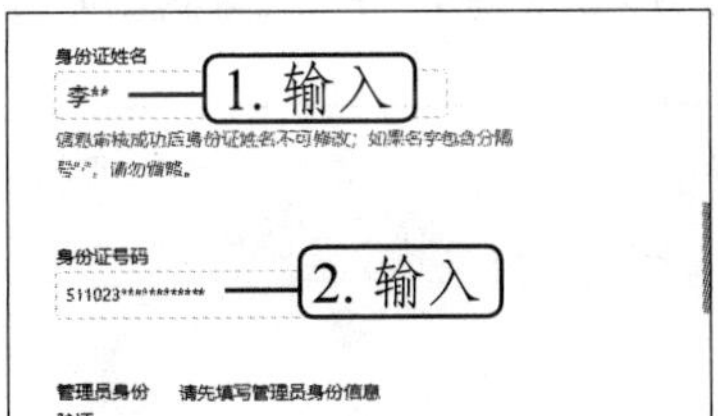　　图 3-31　输入身份信息

步骤 10 打开微信App，使用"扫一扫"功能扫描"管理员身份验证"栏提供的二维码，如图3-32所示，确认管理员身份后，进行人脸识别。注意，需要使用绑定了管理员本人银行卡的微信个人号。

步骤 11 完成人脸识别后，微信公众号注册页面将显示已确认管理员身份。输入管理员手机号，单击 发送验证码 按钮，在"短信验证码"文本框中输入验证码，如图3-33所示。

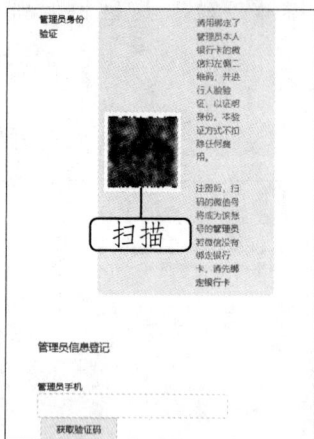

图 3-32　扫描二维码

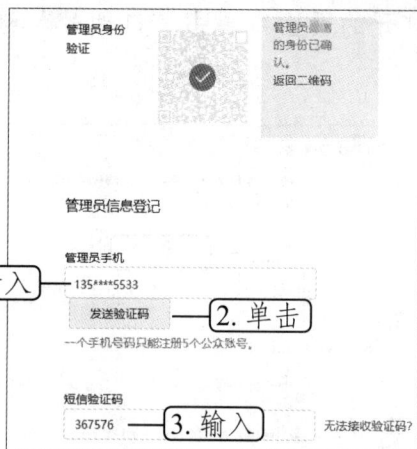

图 3-33　管理员信息登记

步骤 12 如果在其他平台进行过创作，可以单击"创作平台"下拉按钮 □，选择创作平台，然后输入创作者昵称，并单击 上传文件 按钮，上传相应的材料（可以为所选创作平台的主页信息截图）。这里不填写，单击 继续 按钮进行下一步操作，如图3-34所示。

步骤 13 打开提示对话框，提示"主体信息提交后不可更改"，确认后单击 确定 按钮。

步骤 14 在打开的页面中输入账号名称为"巧妹百果园"，并输入功能介绍、设置运营地区等，单击 完成 按钮，如图3-35所示。

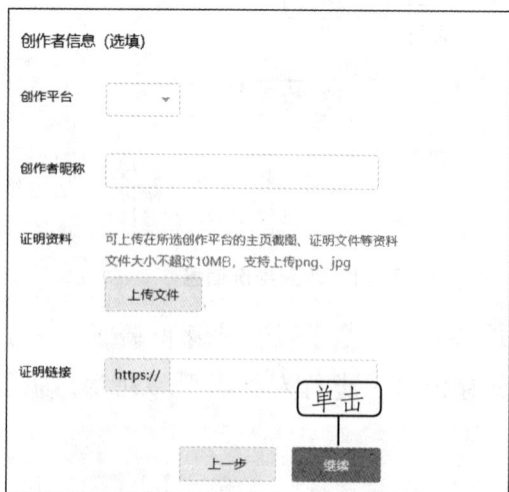

图 3-34　单击"继续"按钮

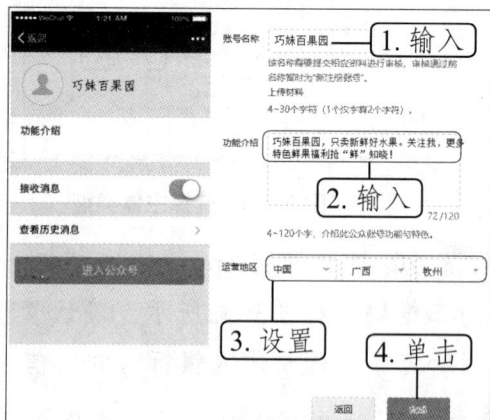

图 3-35　设置微信公众号信息

步骤 15 注册完成后，提示信息提交成功，在打开的提示对话框中单击 前往微信公众平台 按钮前往微信公众平台。

步骤 16 进入微信公众号首页，单击页面右上角的头像，在打开的列表中选择"账号详情"选项，打开"账号详情"选项卡，单击头像，如图3-36所示。

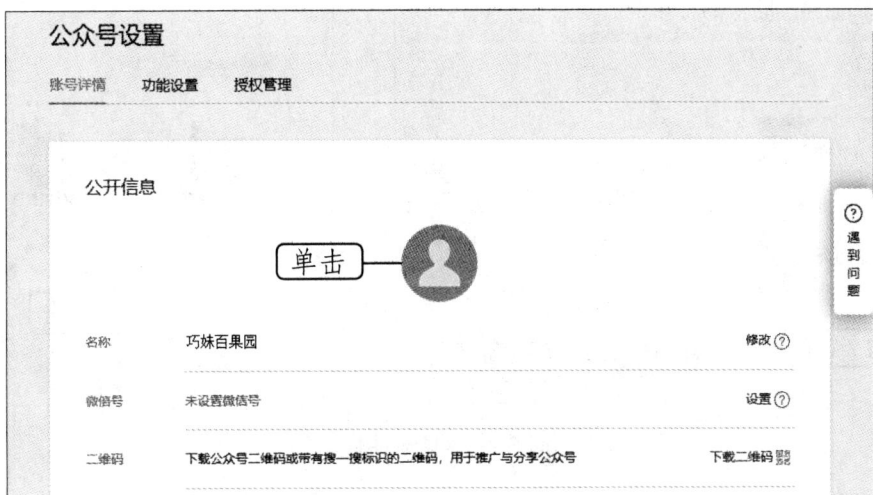

图 3-36　单击头像

步骤 17 打开"修改头像"对话框，单击 选择图片 按钮，如图3-37所示。

步骤 18 打开"打开"对话框，选择"公众号头像.png"图片（配套资源：\素材\项目三\公众号头像.png），单击 打开(O) 按钮，如图3-38所示。

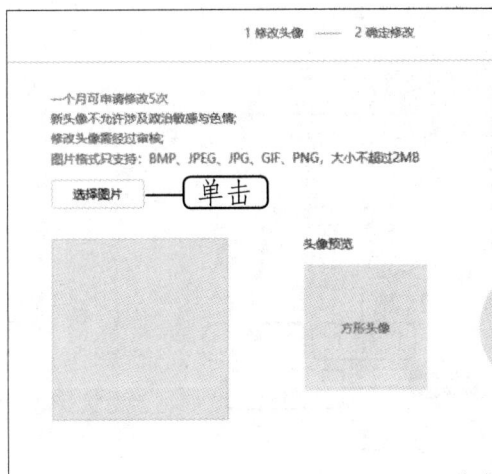

图 3-37　开始修改头像

图 3-38　选择头像

步骤 19 返回"修改头像"对话框，调整头像显示框，然后单击 下一步 按钮，确定修改头像后在打开的页面中单击 确定 按钮，如图3-39所示。

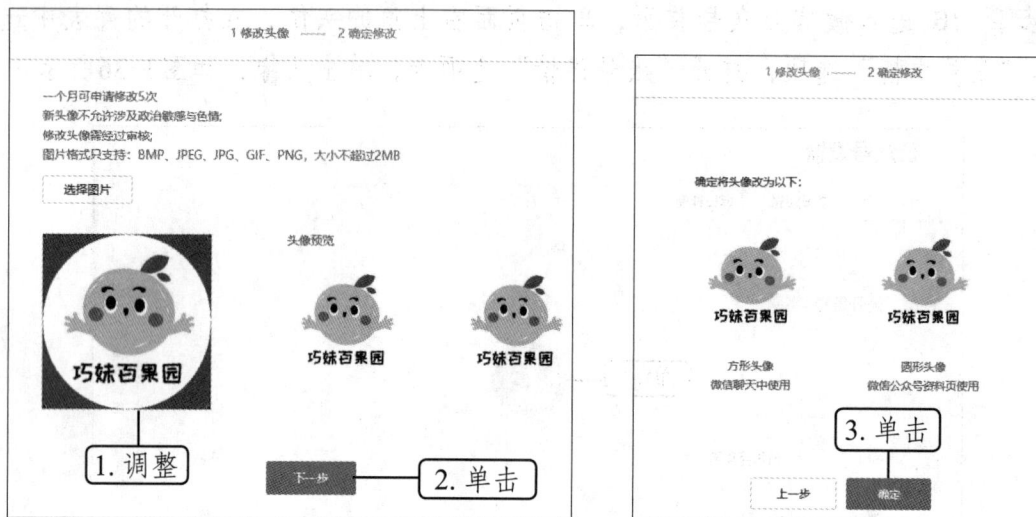

图 3-39 修改头像

步骤 20 返回"账号详情"选项卡，单击"微信号"栏中的"设置"超链接，打开"验证身份"页面，使用微信App扫描二维码进行验证，如图3-40所示，然后在打开的"修改微信号"界面中点击 确认修改 按钮。

步骤 21 跳转至"检测有效微信号"页面，在"微信号"文本框中输入微信号，单击 检测 按钮，若微信号检测为可用，单击 下一步 按钮，如图3-41所示。在打开的页面中单击 完成 按钮完成微信号的设置，公众号的微信号可用于消费者在微信上搜索该公众号。

图 3-40 扫描二维码

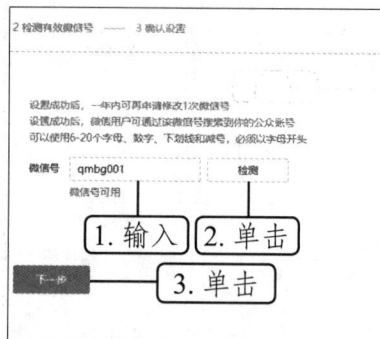

图 3-41 输入微信号并检测可用

知识窗

微信公众号的每一种账号类型的特点、功能、适用对象都有所不同，商家应根据自身情况选择适合自己的公众号类型。微信公众号各类型的特点、主要功能和适用对象如表3-3所示。

表3-3 微信公众号各类型的特点、主要功能和适用对象

账号类型	特点	主要功能	适用对象
订阅号	具有发布和传播信息的能力（类似于报纸、杂志，提供新闻信息、娱乐资讯、知识分享等），每天可群发1条消息	向消费者传递资讯	只想简单发送消息、宣传推广的个人、媒体、企业、政府或其他组织
服务号	具有消费者管理和业务服务的能力，每月可群发4条消息	服务交互	有开通微信支付、销售商品等需求，服务需求高的媒体、企业、政府或其他组织
小程序	具有开放功能，不用下载，可以在微信内被便捷地获取与传播	建立消费者与商家之间的联系	有服务内容的个人、媒体、企业、政府或其他组织
企业微信	可以充当企业办公管理工具和客户管理工具，并与微信朋友圈、小程序、微信支付等互通	企业管理和沟通、消费者管理	有内部通信和消费者管理需求的企业

知识窗

经验之谈

新注册的微信公众号需要进行推广，吸引消费者关注，即增加微信公众号的粉丝量。线上推广可将微信公众号的微信号或二维码发布到网络平台上，邀请消费者关注；线下推广可将微信公众号的二维码打印在纸质宣传海报上，邀请消费者扫码关注。在"账号详情"选项卡的"二维码"栏中单击"下载二维码"超链接，选择二维码尺寸后下载二维码图片，打印即可。

活动2 设置被关注回复

被关注回复是指消费者关注微信公众号后，微信公众号自动回复提前设置好的内容。合理设置被关注回复，能够快速建立微信公众号与粉丝之间的联系。

巧妹将为"巧妹百果园"微信公众号设置被关注回复，回复内容为图片，图片中显示了"百果园水果优惠群"的群二维码，以邀请关注微信公众号的消费者入群，具体操作如下。

步骤 01 登录微信公众号，在左侧的导航栏中选择"自动回复"选项，在打开的"被关注回复"页面中单击 ◯ 按钮开启自动回复功能，如图3-42所示。

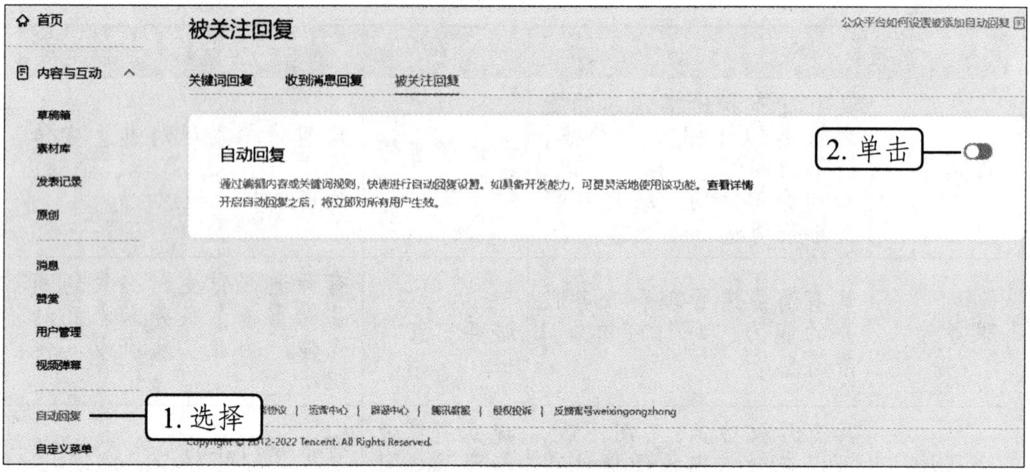

图 3-42　开启自动回复功能

步骤 02 待自动回复由 ◯ 状态变为 ◯ 状态后，单击"图片"选项卡，再单击"上传图片"按钮＋，如图3-43所示。

步骤 03 打开"打开"对话框，选择"被关注回复图片.png"图片（配套资源：\素材\项目三\被关注回复图片.png），单击 打开(O) 按钮，如图3-44所示。

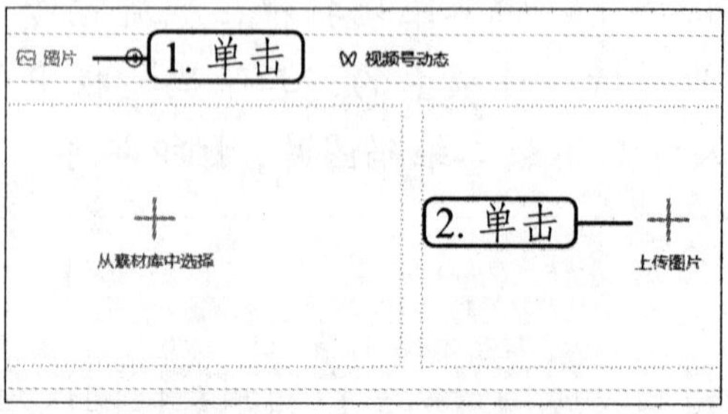

图 3-43　单击"上传图片"按钮

图 3-44　选择图片

步骤 **04** 返回"被关注回复"页面，单击▅▅按钮，如图3-45所示，完成被关注回复的设置。

图3-45　单击"保存"按钮

📋经验之谈

在设置被关注回复时，可选择文字回复，在文字内容中插入商品详情页网页地址，将消费者快速引导至商品详情页。但跳转到外部网站的功能只有认证的微信公众号才具备（在"账号详情"选项卡中单击"申请微信认证"超链接即可进行认证操作），目前以个人为主体注册的微信公众号没有权限进行认证。此外，个体工商户在注册微信公众号时，也可选择以企业为主体进行注册。

👤 活动3　微信公众号文章内容策划

微信公众号的主要功能之一是向关注的消费者推送文章，从而实现"点对多"的精准营销，文章内容有抽奖活动、新品上架、优惠折扣或其他话题等。为了提高文章阅读量，吸引更多消费者关注，在正式发布微信公众号文章之前，需要策划文章内容。

一篇完整的微信公众号文章包括标题、封面图、摘要、正文4个部分，文章内容策划可以从这4个方面入手。巧妹将围绕沃柑策划微信公众号文章的标题、封面图、摘要和正文。

第一步 设计标题

标题是吸引消费者点击和阅读微信公众号文章的决定性因素之一，商家可采用以下方法创作出具有吸引力的标题。

（1）设问。通过设疑、提问激发消费者的好奇心，引起消费者注意，如"被戏称为'中国第一柑'的皇帝柑，为什么叫这个名字""据说用这种食物当早餐，营养还安全！它究竟是什么"。

（2）展示利益点。直接展示优惠、折扣等利益点，以吸引消费者关注，如"2元吃西瓜啦！端午好礼一键 Get""母亲节献"荔"，妃子笑 9.9 元畅快吃"。

巧妹决定用设问的方法撰写标题，如下所示。

> 灵山沃柑，为何让人念念不忘，它这些极为出众的特点你知道吗？

第二步 设计封面图

封面图可以起到吸引消费者视线和激发阅读兴趣的作用。通常，封面图的设计应与文章主题紧密关联，可以采用商品图或商品使用场景图，也可以采用具有趣味性、创意性或视觉冲击力的图片。为此，巧妹设计了卡通类的创意图片，并通过"灵山沃柑 新鲜来袭"与标题呼应，如图 3-46 所示（配套资源 : \ 素材 \ 项目三 \ 封面图 .png）。

图 3-46　微信公众号文章封面图

✎动手做

设计展示利益点的标题与封面图

临近春节，巧妹百果园开展5折购买沃柑的促销活动，请撰写展示利益点的微信公众号文章标题，并设计展示"5折""新鲜"等卖点的封面图。

第三步　撰写摘要

摘要是文章封面图下面的一段引导性文字，可用于吸引消费者点击文章或充当第二标题。商家可以利用摘要补充说明标题，或者揭示文章主旨、提问、展示重点句子或别人的评价等，写法多样，重点是要激发消费者深入阅读文章的兴趣。如果编辑文章时不设置摘要，微信公众号默认抓取正文开头的前54个字作为摘要。

巧妹撰写的摘要内容如下。

> 灵山沃柑是一个独特的存在，一口下去，清新甜蜜！

素养小课堂

商家在使用网络素材时要避免出现侵权行为，要遵从素材提供者和素材网站的使用要求。发布内容要遵守相关法律法规，文明互动、理性表达：不信谣不传谣；不发布政治敏感话题；不发布涉黄、涉毒、涉暴内容；不发布军事资料；不发布涉密内容；不发布来源不明的疑似伪造的黑警辱警的小视频等。

第四步　撰写正文

微信公众号正文可以采取总分的写作结构，也可以采取三段式写法（如开头引入，中间分段论述，结尾总结升华或引导行动等），主要是输出内容、传达商品卖点，写法不限。一般来说，微信公众号文章的内容应尽量口语化，每句话不要太长，最好在20个字以内；一个段落的行数不能太多，且每段可配图，不能让消费者感到枯燥乏味。巧妹撰写好正文后，将其保存到计算机中，以便发布微信公众号文章时直接调用（配套资源：\素材\项目三\沃柑推文.docx）。

此外，巧妹还将在微信公众号文章末尾插入网店中沃柑的商品海报，引导消费者扫描二维码进入商品详情页购买沃柑。为此，她将通过千牛App获取商品海报，方法如下：打开千牛App，点击"营销"选项，打开"营销"界面，点击"商品运营"栏中的"分享"超链接，如图3-47所示；打开"分享商品"界面，点击 保存图片并分享 按钮，如图3-48所示，将图片保存到手机相册中，然后上传到计算机中（配套资源：\素材\项目三\公众号文章插图\商品海报.jpg）。

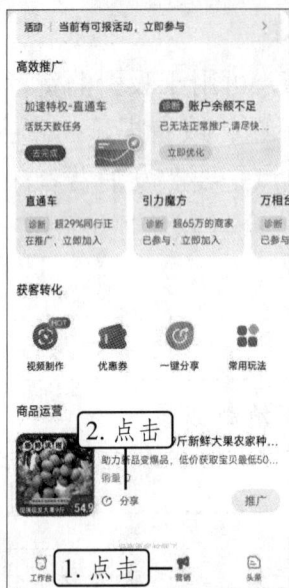

图 3-47　点击"分享"超链接　　　　图 3-48　点击"保存图片并分享"按钮

📋 **经验之谈**

商家也可以通过千牛商家工作台下载商品二维码，并将其植入商品海报中。其方法如下：打开千牛商家工作台首页，选择"商品"选项，默认打开"我的宝贝"页面，将鼠标指针移动到已发布商品的"分享"超链接上，在打开的对话框中单击 保存二维码 按钮下载商品二维码，如图3-49所示，然后自行设计商品海报，并将该二维码植入商品海报中。

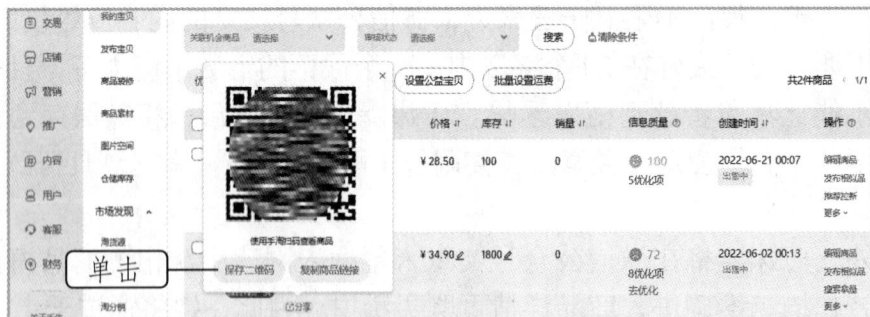

图 3-49　下载商品二维码

👤 活动4　编辑并发布微信公众号文章

微信公众号后台可以直接编辑文章并发布，其文章编辑操作与编辑 Word 文档相似。巧妹策划文章内容后，在微信公众号中编辑并发布沃柑推文，具体操作如下。

步骤 01 打开微信公众号平台官网，登录微信公众号，进入微信公众号首页，选择页面右侧"新的创作"栏中的"图文消息"选项，如图3-50所示。

图 3-50 选择"图文消息"选项

步骤 02 打开编辑页面，在"请在这里输入标题"处输入文章标题，在"请输入作者"处输入作者名称，如图3-51所示。

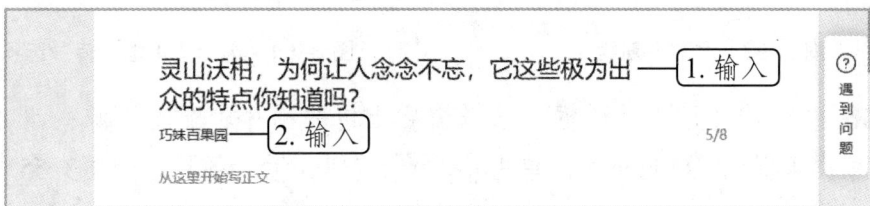

图 3-51 输入文章标题和作者名称

步骤 03 在"从这里开始写正文"处输入正文内容，这里复制粘贴"沃柑推文.docx"素材文档中的正文（配套资源：\素材\项目三\沃柑推文.docx），效果如图3-52所示。

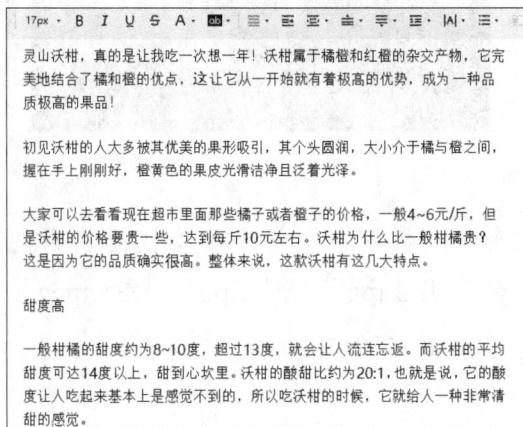

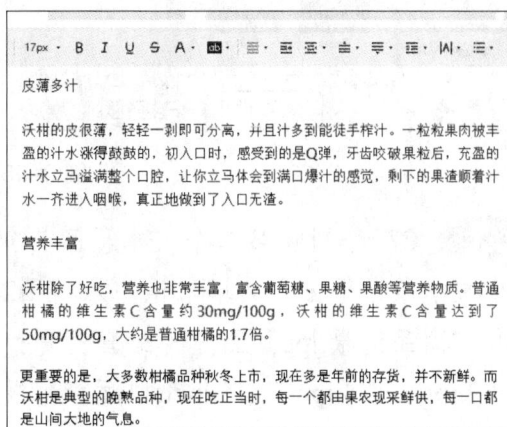

图 3-52 输入正文

步骤 04 选择正文第一个段落，在工具栏中单击"下划线"按钮 U，添加下划线，如图3-53所示。

步骤 05 在正文第一个段落末尾处按【Enter】键换行，单击 图片· 按钮，在打开的列表中选择"本地上传"选项，如图3-54所示。

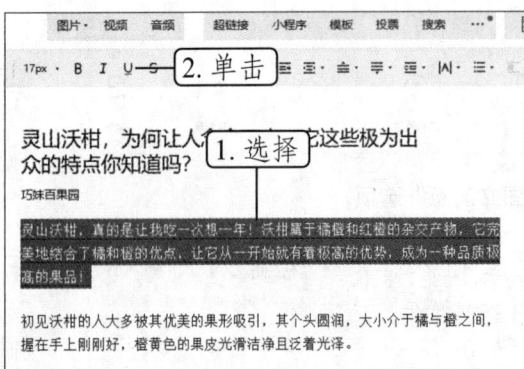

图 3-53 添加下划线

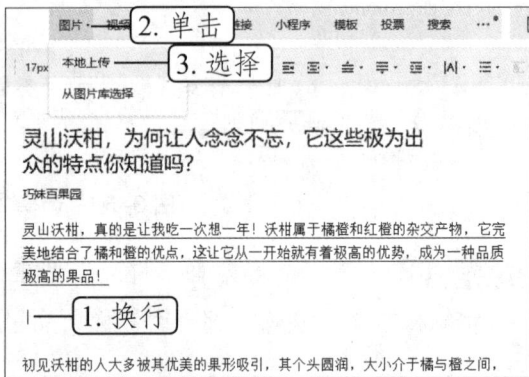

图 3-54 选择"本地上传"选项

步骤 06 打开"打开"对话框，选择需要上传的图片（配套资源：\素材\项目三\公众号文章插图\图1.jpeg），单击 打开(O) 按钮，插入图片，如图3-55所示。

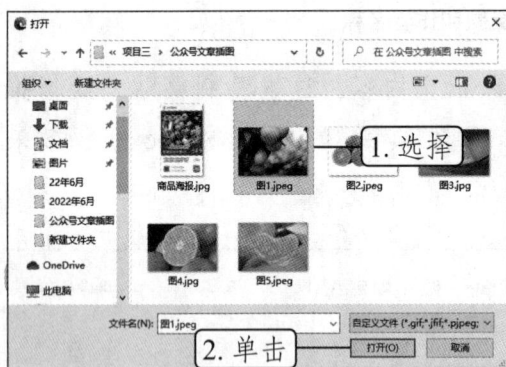

图 3-55 插入图片

步骤 07 分别在第二个文本段落、第五个文本段落、第七个文本段落、第九个文本段落下方和文章末尾插入"图2.jpeg""图3.jpg""图4.jpg""图5.jpeg"和"商品海报.jpg"图片（配套资源：\素材\项目三\公众号文章插图\图2.jpeg、图3.jpg、图4.jpg、图5.jpeg和商品海报.jpg）。

步骤 08 选择"甜度高"段落文本，在工具栏中单击"字号"按钮，将字号设置为"20px"，单击"背景色"按钮 ab·，在打开的颜色面板中选择

"#ffa900"颜色块，设置段落文本的背景色，如图3-56所示。

步骤 09 将"皮薄多汁"和"营养丰富"段落文本的字号设置为"20px"，背景色设置为"#ffa900"，效果如图3-57所示。

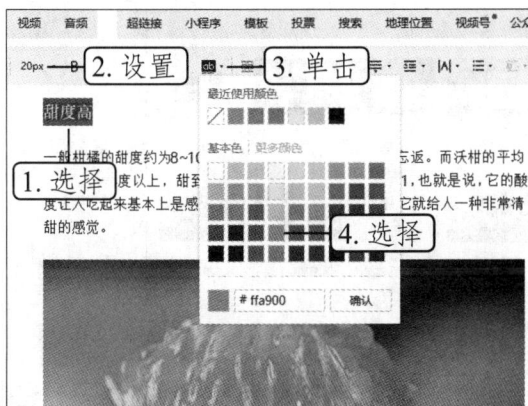

图 3-56　设置段落文本的字号与背景色

图 3-57　设置段落文本样式后的效果

步骤 10 在页面下方的"封面和摘要"栏中将默认设置的摘要内容修改为"灵山沃柑是一个独特的存在，一口下去，清新甜蜜！"，然后将鼠标指针移动到"选择封面"按钮＋上，在打开的列表中选择"从图片库选择"选项，如图3-58所示。

步骤 11 打开"选择图片"对话框，单击 上传文件 按钮，打开"打开"对话框，选择"封面图.png"图片（配套资源：\素材\项目三\封面图.png），单击 打开(O) 按钮，如图3-59所示。

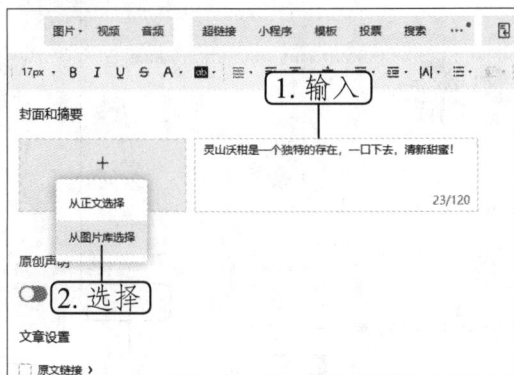

图 3-58　设置摘要和封面

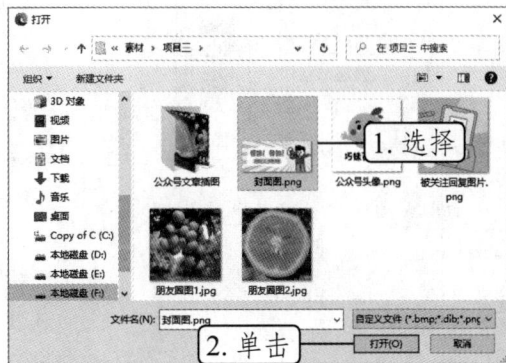

图 3-59　上传封面图

步骤 12 返回"选择图片"对话框，选择"封面图.png"选项，单击 下一步 按钮，如图3-60所示。

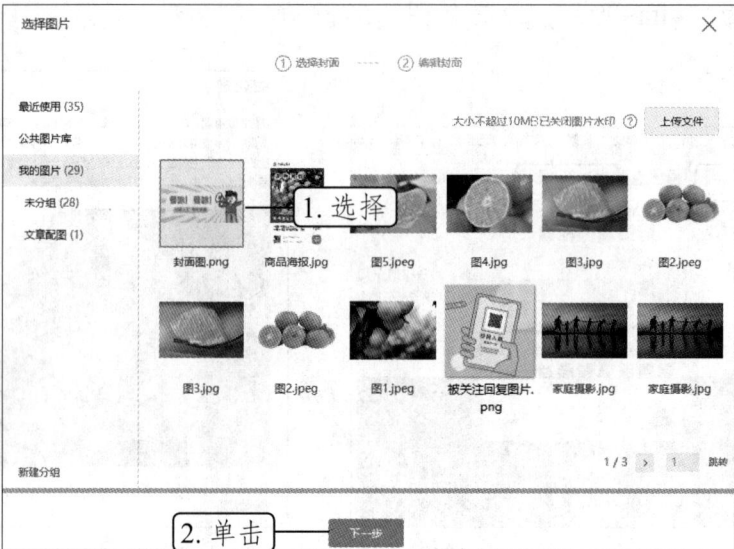

图 3-60　选择封面图

步骤 13 在显示的"编辑图片"页面中，拖动方框或调整方框的4个控制点可以调整图片显示的内容，然后单击 完成 按钮。

步骤 14 设置封面和摘要后，在页面左侧可预览封面和标题的效果图，单击 ＋新建消息 按钮可继续编辑新的文章，进行多图文推送文章。确认后，单击 群发 按钮，如图3-61所示。

图 3-61　单击"群发"按钮

步骤 15 打开"群发消息"对话框，确认无误后单击 群发 按钮，如图3-62所示。

步骤 16 打开提示对话框，提示"消息开始群发后无法撤销"，单击 继续群发 按钮，如图3-63所示。

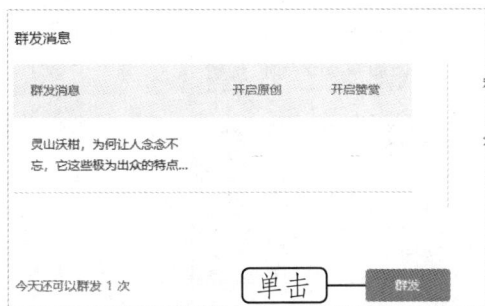

图 3-62　开始群发

图 3-63　继续群发

步骤 17 打开"微信验证"对话框，扫描二维码进行验证，此时微信App中将显示确认信息，点击 确定 按钮，确认发布微信公众号文章。发布文章后，手机端的预览效果如图3-64所示。

图 3-64　手机端的文章预览效果

知识窗

微信公众号文章形式分为单图文（见图3-65）和多图文（见图3-66），单图文即一次撰写并群发一篇文章，可添加封面和摘要；多图文一次可群发多篇文章，每篇文章均可设置封面和摘要。多图文在微信公众号的用户终端上不显示摘要，文章转载到外部平台时则显示摘要。

图 3-65 单图文

图 3-66 多图文

知识窗

同步实训

实训一 在朋友圈和微信群中发布章姬草莓的促销信息

实训描述

巧妹在网店中销售章姬草莓的同时，也在微信端开展"章姬草莓买3斤送1斤"的促销活动，为此，巧妹将在朋友圈和微信群中发布章姬草莓的促销信息。

本实训要求同学们撰写章姬草莓的促销文案，并在朋友圈和微信群中发布促销信息。

操作指南

第一步 撰写促销文案

撰写体现章姬草莓促销信息和卖点的文案，示例如下。

章姬草莓，能吃出奶香味的优质草莓，浓甜芳香、柔韧多汁，一口尽享甜蜜，齿颊留香。3月5日—3月12日，在本店购买章姬草莓，买3斤送1斤！小伙伴们，速来～

第二步 发布促销信息

在朋友圈和微信群中发布促销信息，参考步骤如下。

步骤 01 打开微信App，点击"发现"选项，打开"发现"界面，选择"朋友圈"选项。

步骤 02 在打开的界面中点击右上角的按钮，在打开的列表中选择"从相册选择"选项。

步骤 03 在打开的界面中选择要插入的图片（配套资源：\素材\项目三\实训一\图1.jpg、图2.jpg、图3.jpg），点击 完成(3/9) 按钮。

步骤 04 打开编辑界面，输入促销文案并添加表情，然后在末尾插入商品链接，点击 发表 按钮，如图3-67所示，发布促销信息。

步骤 05 复制朋友圈发布的促销信息，打开微信群的聊天界面，粘贴后发送，如图3-68所示。

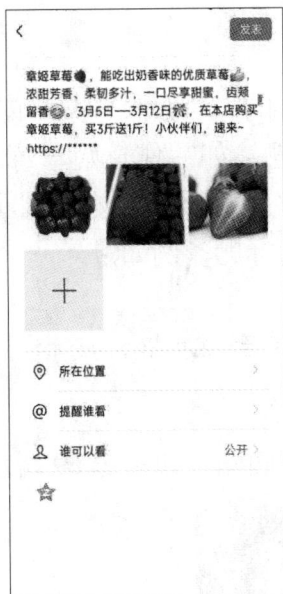

图 3-67 在朋友圈发布促销信息 图 3-68 在微信群中发送促销信息

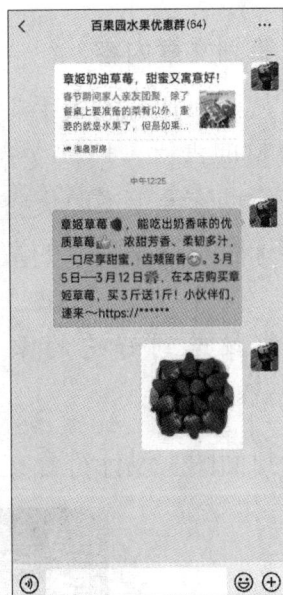

💬 实训评价

同学们完成实训操作后，提交实训报告，老师根据实训报告内容，按表3-4所示的内容评分。

表3-4 实训评价

序号	评分内容	总分	老师评分	老师点评
1	文案内容是否体现了商品卖点与促销信息，是否具有吸引力	50		
2	是否在朋友圈和微信群中正确发布了促销信息	50		

总分：＿＿＿＿＿＿＿＿

👤 实训二　写作并发布章姬草莓的微信公众号文章

📋 实训描述

巧妹将在微信公众号中发布章姬草莓的文章，在文章末尾插入章姬草莓的商品海报，引导消费者到网店查看商品详情并选购商品。

本实训要求同学们策划文章内容，并在微信公众号后台编辑发布文章。

🛠 操作指南

第一步　策划文章内容

同学们可从以下几方面入手策划章姬草莓的微信公众号文章内容。

（1）收集整理素材。根据文章的写作主题，如写作章姬草莓的科普知识，通过百度、微信搜索等渠道收集整理章姬草莓文章所需的文字和图片素材。

（2）撰写标题。根据文章的主题内容撰写标题。例如：

> 怎样才能挑选到好吃的章姬草莓？学会这4招，轻松享受"草莓自由"！

（3）设计封面图。设计符合文章内容的封面图，如图3-69所示。

图3-69　公众号文章封面图

（4）撰写正文。根据文章的写作主题撰写正文，写作方法不限。例如本实训要写作章姬草莓科普知识的文章，首先对章姬草莓的外形、肉质、口味等特点进行介绍，然后介绍章姬草莓的挑选技巧，最后在文章末尾插入商品海报，引导消费者查看商品详情。另外，在正文中需要适当添加商品图片或视频。

第二步　编辑并发布文章

同学们可参照如下步骤进行操作。

步骤 01 进入微信公众号首页，选择"新的创作"面板中的"图文消息"选项。打开编辑页面，输入文章标题、作者名称和正文内容（配套资源：\素材\项目三\实训二\草莓微信公众号文章.doxc），如图3-70所示。

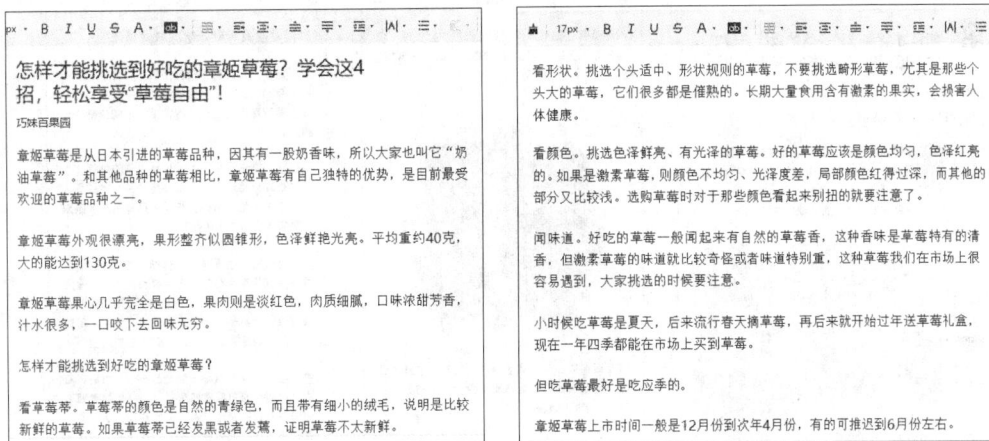

图 3-70　输入文字内容

步骤 02 分别在第一个文本段落、第二个文本段落、第三个文本段落、第八个文本段落下方和文章末尾插入"图1.jpg""图2.jpg""图3.jpg""图4.jpg"和"商品海报.jpg"图片（配套资源：\素材\项目三\实训二\图1.jpg、图2.jpg、图3.jpg、图4.jpg和商品海报.jpg）。

步骤 03 选择"怎样才能挑选到好吃的章姬草莓？"文本，将字号设置为"20px"、颜色设置为"蓝色"；分别选择"看草莓蒂。""看形状。""看颜色。"和"闻味道。"文本，设置加粗并添加下划线，效果如图3-71所示。

步骤 04 在"封面和摘要"栏中设置封面（配套资源：\素材\项目三\实训二\草莓封面.jpg），输入摘要，如图3-72所示。

怎样才能挑选到好吃的章姬草莓？

看草莓蒂. 草莓蒂的颜色是自然的青绿色，而且带有细小的绒毛，说明是比较新鲜的草莓。如果草莓蒂已经发黑或者发蔫，证明草莓不太新鲜。

看形状. 挑选个头适中、形状规则的草莓，不要挑选畸形草莓，尤其是那些个头大的草莓，它们很多都是催熟的。长期大量食用含有激素的果实，会损害人体健康。

看颜色. 挑选色泽鲜亮、有光泽的草莓。好的草莓应该是颜色均匀，色泽红亮的。如果是激素草莓，则颜色不均匀、光泽度差，而其他的部分又比较浅。选购草莓时对于那些颜色看起来别扭的就要注意了。

闻味道. 好吃的草莓一般闻起来有自然的草莓香，这种香味是草莓特有的清香，但激素草莓的味道就比较奇怪或者味道特别重，这种草莓我们在市场上很容易遇到，大家挑选的时候要注意。

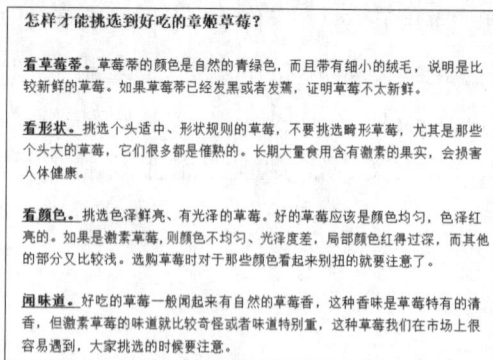

图 3-71　设置文字样式的效果

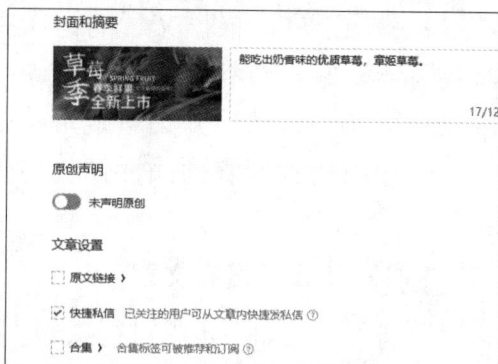

封面和摘要

能吃出奶香味的优质草莓，章姬草莓。

17/12

原创声明

未声明原创

文章设置

原文链接

快捷私信　已关注的用户可从文章内快捷发私信

合集　合集标签可被推荐和订阅

图 3-72　设置封面并输入摘要

步骤 05 完成文章编辑后，发布文章，效果如图 3-73 所示。

图 3-73　文章预览效果

实训评价

同学们完成实训操作后，提交实训报告，老师根据实训报告内容，按表 3-5 所示的内容评分。

表 3-5　实训评价

序号	评分内容	总分	老师评分	老师点评
1	是否快速收集到所需的文章素材	20		
2	是否设计出具有吸引力的标题和封面图	30		

序号	评分内容	总分	老师评分	老师点评
3	是否写作完整的、有吸引力的文章	30		
4	是否正确编辑并发布了微信公众号文章	20		

总分：_____

项目总结

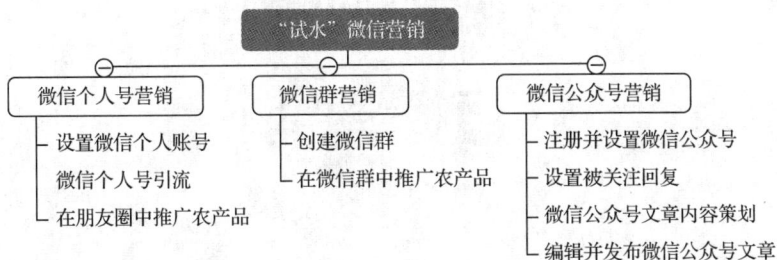

项目四

开展短视频与直播营销

情境创设

　　随着移动互联网的兴起，流量渠道越来越多样化。因此，巧妹要把农产品卖给更多的消费者，就需要"广撒网"，找到多个流量载体借力。

　　巧妹"试水"微信营销后初见成效，见识到新媒体营销的威力。为更好地开展农村电商，巧妹决定建立新媒体运营矩阵，除了运营微信，还将运营抖音和淘宝直播，并将其作为主要的流量载体，以最大限度地引流"增粉"、提升曝光度和知名度、拓展销售渠道，并与消费者进行连接和互动。为此，巧妹组建了电商团队，并以打造"巧妹"农村电商形象为契机，运用多种平台扩大农产品销售。

学习目标

知识目标

1. 掌握拍摄与剪辑农产品短视频的方法。
2. 掌握发布与推广农产品短视频的方法。
3. 掌握入驻淘宝直播、规划直播场景和策划直播脚本的知识。
4. 掌握发布直播预告和使用手机直播的方法。

技能目标

1. 能够选择好的选题并策划有吸引力的短视频内容。
2. 能够拍摄、剪辑出完整的短视频并进行短视频推广。
3. 能够策划直播脚本和设计商品讲解内容。
4. 能够发布直播预告并开展直播。

素质目标

1. 提高自我标准，助力短视频行业规范化、专业化发展。
2. 直播时要仪态端庄，讲礼貌，杜绝传播低俗信息、出行低俗行为。

任务一　制作与发布农产品短视频

任务描述

当下，"农产品＋短视频"的推广方式非常流行，它把遥远的农业生产带到消费者面前，不仅让消费者感受到农业生产中的趣味，而且近距离感受也让消费者对农产品的品质有了充分的信心。这是提高农产品转化率的强大助推力。巧妹将制作农产品短视频，并在抖音平台上发布及推广。

任务实施

活动1　用手机拍摄农产品短视频

随着短视频的普及和硬件设备的快速迭代，手机已成为轻便、高效的短视频拍摄器材。人们通过手机就能拍摄出高质量的短视频，这不仅提高了短视频拍摄效率，还降低了拍摄成本。在使用手机拍摄短视频前，巧妹需要明确短视频的选题和展现形式。

第一步 明确短视频的选题

制作短视频的第一要求是能够吸引消费者，确定选题是关键的一步。农产品短视频的内容主要聚焦农业、农村和农户，因此其选题大多围绕这几个方面进行策划。

（1）乡村风光类。在乡村振兴的大背景下，农村的风貌正在发生翻天覆地的变化。这类短视频主要展示新农村的自然风光、田园风景、好瓜好果，吸引消费者的关注。图4-1所示为展现乡村风光类短视频。

（2）乡村风情类。这类短视频通过展现民风习俗、乡土人情、农家趣事等，传达农户宁静悠然的生活状态。很多都市人向往宁静自在的乡村生活，因此乡村风光、乡村风情类的短视频近年来很受欢迎。图4-2所示为展现乡村风情类短视频。

（3）农产品科普类。农产品科普类短视频主要以与农产品有关的科普知识为主要内容，如图4-3所示。例如，如何区分春见和丑橘，虾线怎么挑省时又省力，绣球如何调色等。这些知识实用性强，并与日常生活息息相关，往往能够吸引很多消费者的关注。

图4-1 乡村风光类短视频　　图4-2 乡村风情类短视频　　图4-3 农产品科普类短视频

（4）农产品美食教程类。农产品美食教程类短视频主要介绍农产品的食用方法及制作方法，如图4-4所示。制作此类短视频时，首先要构建制作美食的场景，然后将农产品自然地置于该场景中，让消费者在不知不觉中加深对农产品的认知。

（5）农产品产地和农产品展现类。短视频营销最大的特点之一是生动直观。商家可以通过短视频直观地展现农产品产地的真实情况，农产品的生长、丰收的情景，农产品本身，以及农产品的运输情况等，以突出农产品的新鲜、味美等优势。图 4-5 所示为农产品展现类短视频。

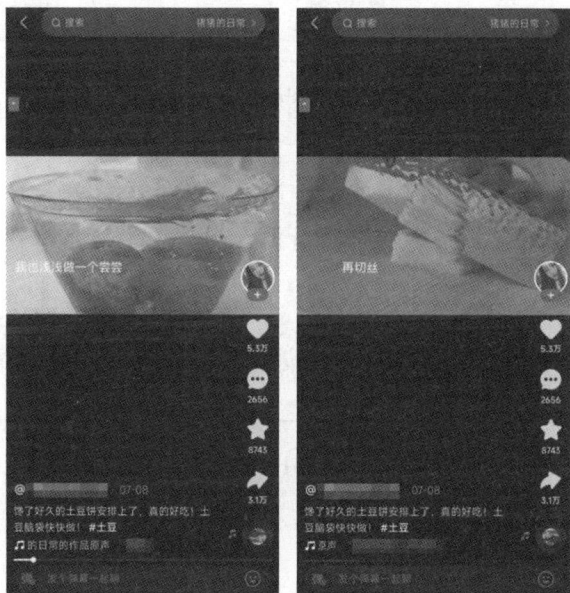

图4-4　农产品美食教程类短视频　　图 4-5　农产品展现类短视频

经过分析后，巧妹决定拍摄农产品产地和农产品展现类短视频，短视频主要包括两个视频片段，一是拍摄果园，展示荔枝的生长环境，以及成熟后的硕果累累之态；二是近距离拍摄剥开荔枝果壳的过程，展示荔枝的特点。

📋**经验之谈**

在积累了一定的粉丝量后，商家可根据消费者需求挖掘选题，以便创作出消费者感兴趣的内容。根据消费者需求挖掘选题的方法如图 4-6 所示。

图4-6　根据消费者需求挖掘选题的方法

第二步 确定短视频的展现形式

短视频的创作门槛较低，内容的展现形式多样，常见的短视频展现形式如表 4-1 所示。

表 4-1 常见的短视频展现形式

展现形式	形式介绍
图文拼接	将一些图片或视频截图拼接起来，加上背景音乐、说明文字或解说制作成短视频，是短视频所有展现形式中非常简单和容易制作的一种类型
视频记录	通过拍摄视频记录日常，是一种"随拍"方式，内容呈现真实自然
脱口秀	以脱口秀的形式讲解内容，节奏感强，对内容的质量要求高
情景短剧	创作难度较大，需要一定的资金和人力支持，在剧情写作、拍摄场景设计、视频拍摄、视频剪辑等方面要求更加专业和严格。情景短剧的形式能够更清晰地表达短视频的主题，情感表现更丰富，更容易引起消费者的共鸣

巧妹选择以视频记录的形式拍摄短视频，一是操作简单，二是农产品的展示更真实自然。

🎁 **动手做**

查看抖音农产品短视频的选题及展现形式

请同学们打开抖音 App，以"农产品"为关键词搜索，在搜索结果中查看抖音推荐的热门农产品营销短视频都有哪些选题类型，这些短视频采用了哪种展现形式，将结果填写到表 4-2。

表 4-2 抖音农产品短视频的选题类型及展现形式

序号	选题	选题类型	展现形式
1			
2			
3			
4			

第三步 拍摄短视频

使用手机拍摄短视频，除了使用短视频平台自带的拍摄功能，很多商家还会选择后期处理功能较为齐全的视频编辑工具拍摄短视频。这里巧妹选择使用剪映拍摄短视频。剪映是抖音官方推出的一款免费视频编辑工具，具备多种剪辑功能以及丰富的曲库资源。使用剪映拍摄短视频的方法：打开剪映App，在主界面点击"拍摄"按钮◎，如图4-7所示，进入拍摄界面，点击"效果"按钮◇，在"日常"选项卡中点击"强曝光"选项，点击✓按钮，如图4-8所示，保存设置，返回短视频拍摄界面，点击▣按钮，开始短视频的拍摄，再次点击即可完成拍摄，拍摄的短视频自动保存在手机相册中，图4-9所示为拍摄的果园短视频截图。

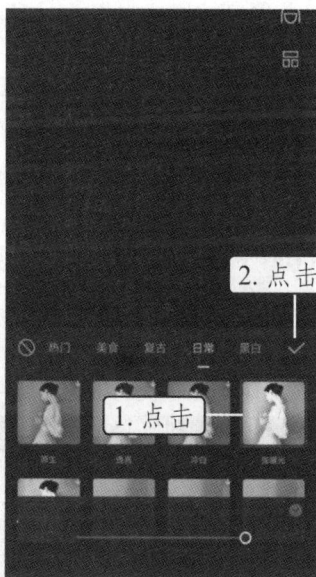

图 4-7 开始拍摄　　　图 4-8 设置强曝光　　　图 4-9 果园短视频截图

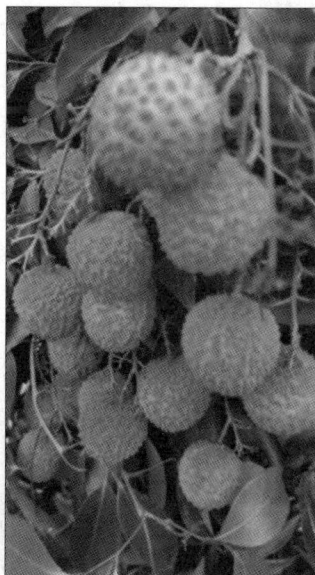

知识窗

拍摄短视频时，为了避免画面抖动，保证画面质量，有时需要借助辅助设备。一般来说，短视频拍摄中常用的辅助设备包括脚架、稳定器和补光灯等。

（1）脚架。脚架是一种用来稳定拍摄设备的支撑架，常见的脚架主要有独脚架和三脚架两种。

（2）稳定器。在很多短视频的移动镜头拍摄中，需要使用稳定器保证镜头画面的稳定。常见的稳定器主要有手机稳定器和单反稳定器两种，分别用于辅助手机和单反相机拍摄短视频。

（3）补光灯。补光灯的作用是在缺乏光线条件的情况下为拍摄过程提供辅助光线。补光灯通常采用脚架固定位置，或者直接安装在手机上以随时为被摄对象补充光线。常用的补光灯主要有平面补光灯与环形补光灯两种。

知识窗

活动2 使用剪映剪辑农产品短视频

完成短视频的拍摄后，有时需要剪辑短视频，如裁剪视频、添加视频特效等。接下来，巧妹继续使用剪映剪辑短视频，将"果园.mp4"和"荔枝.mp4"两个视频拼接起来，然后为短视频添加背景音乐、字幕、音效和封面等，具体操作如下。

步骤 01 打开剪映App，点击"开始制作"按钮⊞，在打开的界面选择添加拍摄的短视频（配套资源：\素材\项目四\果园.mp4、荔枝.mp4）。

步骤 02 打开编辑界面，将"果园.mp4"短视频拖曳到"荔枝.mp4"短视频前面，如图4-10所示。点击"播放"按钮▷，预览短视频。

步骤 03 移动时间轴，使时间线位于00:26处，点击界面下方工具栏中的"剪辑"按钮✂，如图4-11所示。

步骤 04 在打开的面板中点击"分割"按钮Ⅱ，如图4-12所示，分割视频素材。

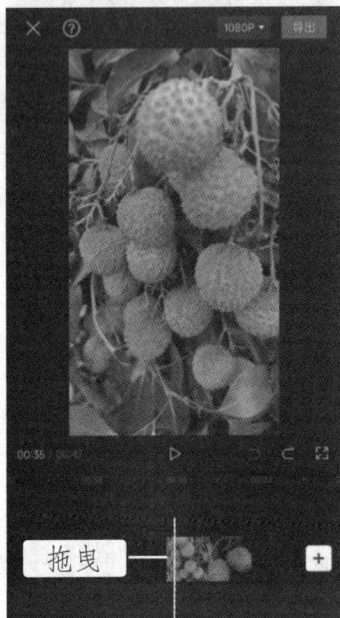

图 4-10 调整视频素材位置　　图 4-11 进入剪辑状态　　图 4-12 分割视频素材

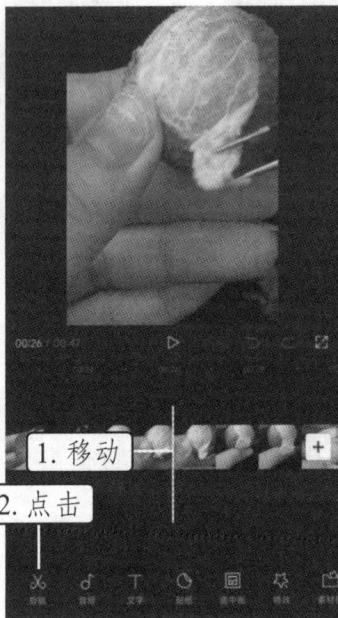

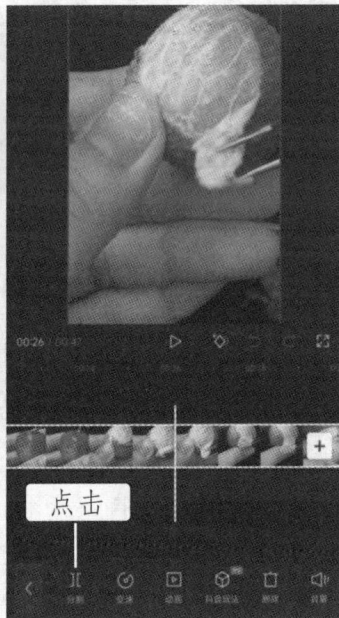

步骤 05 移动时间轴，使时间线位于00:29处，依次点击"剪辑"按钮✂、"分割"按钮Ⅱ。

步骤 06 选择分割出的00:26—00:29的视频片段，点击"删除"按钮🗑删除该视频片段，如图4-13所示。

步骤 07 使用相同的方法继续分割视频，将00:30—00:33的视频片段删除，如图4-14所示，精简视频内容。

步骤 08 移动时间轴，使时间线位于00:12处，在工具栏中点击"特效"按钮，再在打开的面板中点击"画面特效"按钮，如图4-15所示。

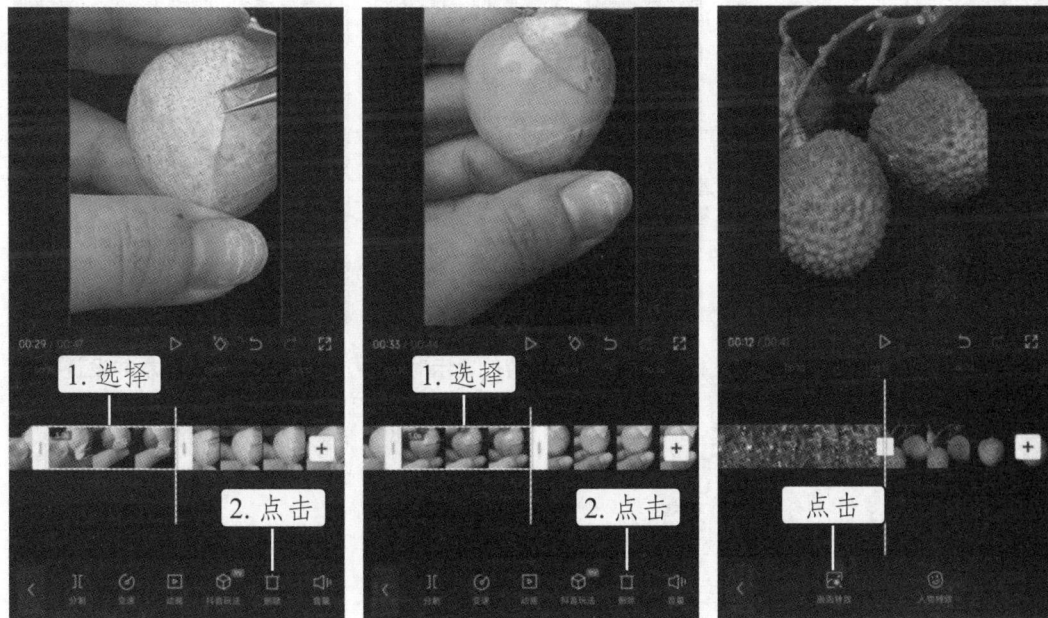

图 4-13　删除 00:26—00:29 的　图 4-14　删除 00:30—00:33 的　图 4-15　点击"画面特效"按钮
　　　　　视频片段　　　　　　　　　　视频片段

步骤 09 打开画面特效设置面板，点击"动感"选项卡，再点击"水波纹"选项，点击 ✓ 按钮，如图4-16所示，设置视频转场效果。

步骤 10 返回编辑界面，选择添加的"水波纹"特效，按住其右侧的 ⏸ 滑块向左侧拖曳，将特效显示时长缩减为1秒，如图4-17所示。

步骤 11 移动时间轴，使时间线位于视频初始位置处，在工具栏中依次点击"返回"按钮 和 ，再依次点击"文字"按钮 T、"新建文本"按钮 A+。

步骤 12 视频画面中自动添加了文本框，在下方编辑面板的文本框中输入"灵山荔枝"，在"字体"选项卡中点击"经典雅黑"选项，如图4-18所示。

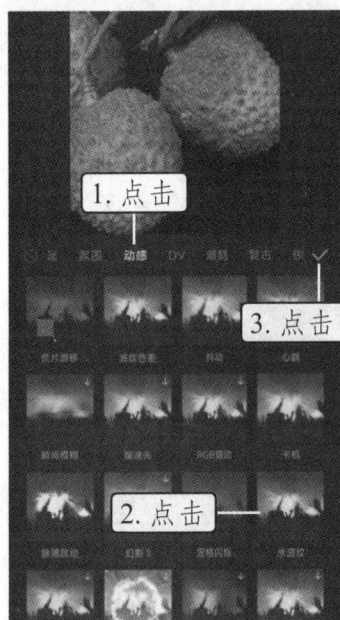

图4-16 设置"水波纹"特效　图 4-17 缩减特效显示时长　图 4-18 输入文本并设置字体

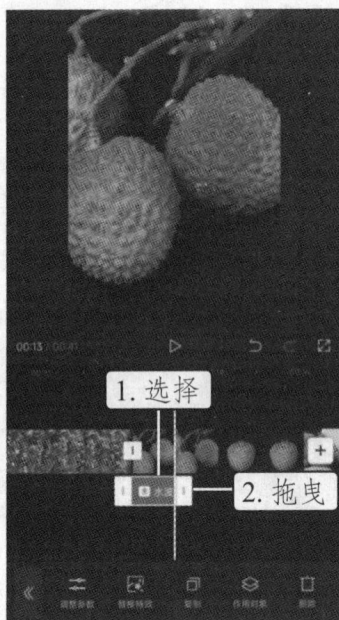

步骤 13 点击"花字"选项卡，然后点击花字选项，点击✓按钮确认设置，如图4-19所示。

步骤 14 再新建两个文本框，文本内容为"妃子笑"和"新鲜上架"，设置"花字"效果并调整位置和大小，效果如图4-20所示。

步骤 15 移动时间轴，使时间线位于00:10处，新建3个文本框，文本内容为"皮薄""肉嫩"和"多汁"，设置"花字"效果并调整位置和大小，效果如图4-21所示。

步骤 16 移动时间轴，使时间线位于视频初始位置处，在工具栏中依次点击"音频"按钮♪、"音乐"按钮⊙。

步骤 17 打开"添加音乐"界面，在搜索框中输入"好一点"，在搜索结果页中点击音乐试听，找到合适的音乐后，点击右侧的使用按钮，如图4-22所示，将其设置为背景音乐。

步骤 18 返回编辑界面，选择添加的背景音乐，移动音频轨道，使时间线位于00:06处，然后点击"分割"按钮Ⅱ，如图4-23所示。分割音频后，选择00:00—00:06的音频片段，点击"删除"按钮删除该部分音频片段。

步骤 19 选择剩余的音频片段，将其拖曳至视频起始位置处，如图4-24
所示。

图 4-19　设置文本效果

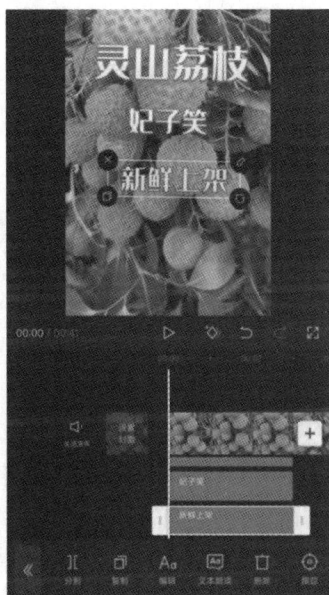

图 4-20　添加其他文本并设置
效果

图 4-21　新建文本并设置
效果

图 4-22　添加背景音乐

图 4-23　分割音频

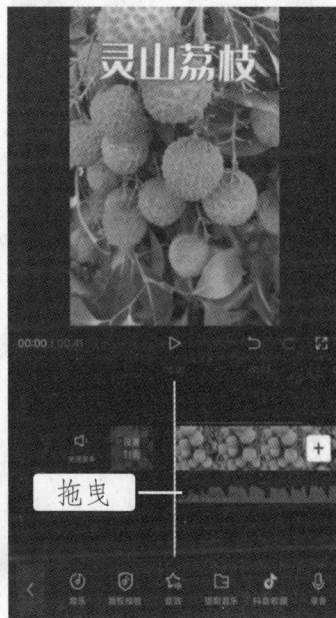

图 4-24　调整音频起始位置

步骤 20 移动音频轨道，使时间线位于00:12处，分割音频，然后删除00:12后面部分的音频片段。

步骤 21 选择剩下的音频片段，点击"淡化"按钮██，在打开的面板中将音频淡出时长设置为"3s"，点击██按钮确认设置，如图4-25所示，使音乐结束显得更自然。

步骤 22 点击时间轴面板的空白处，移动时间轴，使时间线位于00:14处，点击"音效"按钮██，如图4-26所示。

步骤 23 打开"音效"面板，在搜索框中输入"滴水"，在搜索结果页中点击音效试听，找到合适的音效后，点击右侧的██按钮，如图4-27所示。

图 4-25　设置音频淡出时长　　图 4-26　点击"音效"按钮　　图 4-27　点击"使用"按钮

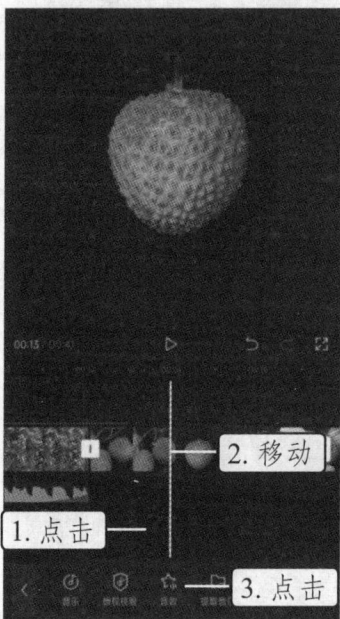

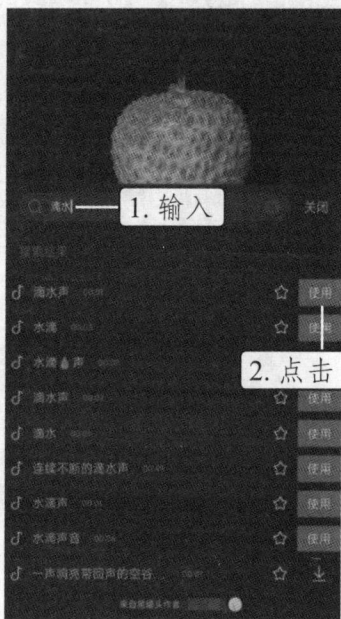

步骤 24 移动时间轴，使时间线位于00:19处，添加"刷东西声音"音效。在编辑界面缩减音效时长，结束时间对齐毛刷画面退出的位置，如图4-28所示。继续在其他位置添加音效。

步骤 25 在时间轴面板中点击██按钮，在打开的设置封面界面中移动视频画面，选择视频封面，点击██按钮，如图4-29所示。

步骤 26 返回编辑界面，单击右上角的██按钮，将短视频导出到手机相册（配套资源：\效果\项目四\果园荔枝剪辑视频.mp4），点击██按钮完成短视频导出操作，如图4-30所示。

图 4-28 缩短音效时长 　　　图 4-29 设置封面 　　　图 4-30 完成导出

📖 **经验之谈**

本例中，可以为短视频添加旁白，或者以农户真人出镜的方式介绍果园的情况和农产品的特点。

🧑 活动3 通过抖音发布农产品短视频

制作好短视频后，巧妹将其发布到抖音上，具体操作如下。

步骤 01 打开抖音App，点击界面底部的 ⊞ 按钮，进入拍摄界面，点击"拍摄"按钮 ■ 右侧的"相册"选项，打开手机相册，在其中选择剪辑好的短视频。

步骤 02 打开预览界面，点击界面右下角的 下一步 按钮，如图4-31所示。

步骤 03 进入发布界面，在标题文本框中输入短视频的标题，此处输入"灵山荔枝'妃子笑'上市了！皮薄汁多，果肉晶莹剔透。"。

步骤 04 点击 #添加话题 按钮，在打开的列表中选择话题，这里添加"#妃子笑荔枝""#新鲜应季水果"和"#荔枝熟了"话题，如图4-32所示。

步骤 05 点击标题文本框右侧的 选封面 按钮，在打开的界面中选择视频第一帧，点击 保存 按钮将其设置为短视频封面，如图4-33所示。

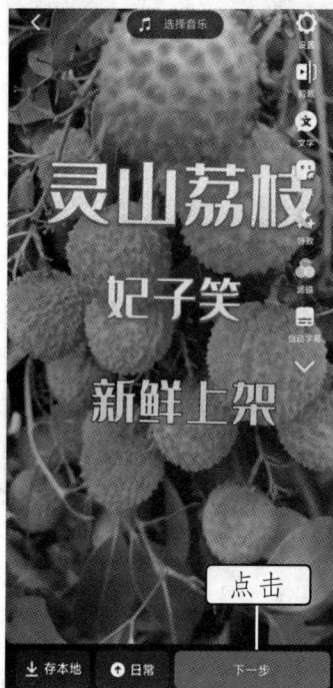

图 4-31　点击"下一步"按钮　图 4-32　输入标题并添加话题　　图 4-33　设置封面

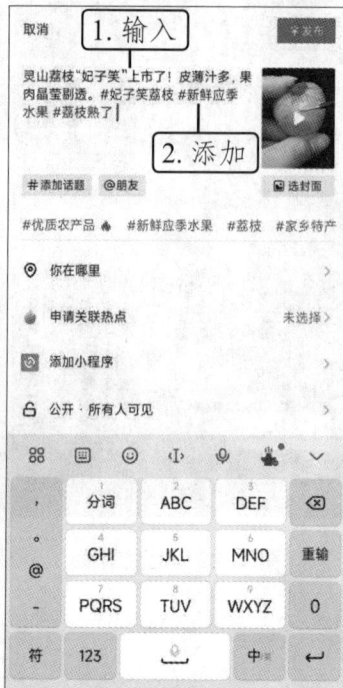

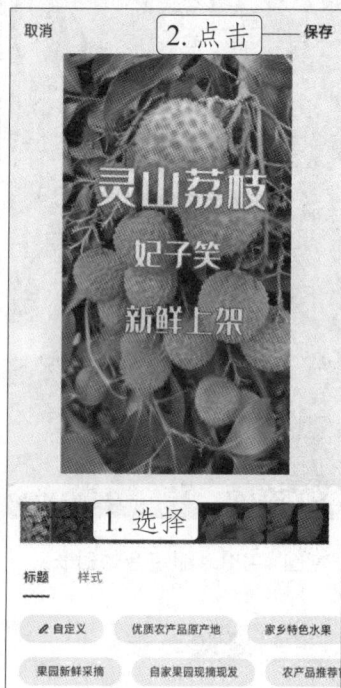

步骤 06 返回发布界面，点击"你在哪里"选项，设置定位信息。完成设置后，点击 发布 按钮发布短视频，如图4-34所示。成功发布短视频后的效果如图4-35所示。

📋 **经验之谈**

　　除了抖音，常用的短视频平台还有快手、西瓜视频、好看视频等。这些平台属于独立短视频平台，多以App的形式呈现，短视频为其核心业务，其衍生功能是围绕短视频展开，发布短视频的操作大同小异。另外，短视频平台还包括一些综合类短视频平台，这些平台在内部嵌入短视频功能和服务。例如，哔哩哔哩和加入视频号功能的微信、微博都是典型的综合类短视频平台。此外，与运营微信平台类似，运营短视频平台也需要设置易于识别、记忆的个性化账号信息，设置方法、技巧与具体操作等与设置微信个人账号相似。为打造个人品牌，建立新媒体账号矩阵，可将名字与头像设置为全网络平台同名。

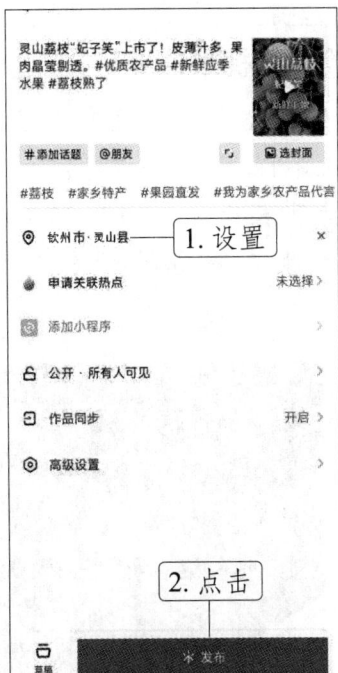

图 4-34 设置定位信息后发布短视频

图 4-35 发布短视频后的效果

💡 **知识窗**

掌握一些短视频的发布技巧，有助于提高短视频的曝光量和播放量。

（1）选择发布时间。日常短视频发布的最佳时间段是11:00—13:00、17:00—19:00。另外，短视频的发布建议固定在一个时间段，便于培养消费者的观看习惯。

（2）添加话题。在抖音中，以"#"开头的文字是话题，添加话题有助于抖音识别短视频的类型并进行精准推荐。

（3）设置定位。设置定位，可以让消费者了解短视频的拍摄地，并获得平台的推荐。拥有实体门店的商家还可以添加门店的地址，将线上流量引至线下。

（4）申请关联热点。申请关联热点就是蹭热点，蹭热点是让短视频上热门的捷径。在申请关联热点时，短视频的内容应与热点息息相关。在短视频发布界面点击"申请关联热点"选项，打开"选择热点"界面，查找热点，点击 关联 按钮关联热点，短视频发布后，平台会对内容质量与热点的相关性进行审核，与热点匹配度高的优质短视频有机会展示在"抖音热榜"中。

💡 **知识窗**

▌**动手做**

制作并发布家乡农产品短视频

请同学们以个人或小组为单位拍摄一条介绍家乡特色农产品的短视频并发布到抖音平台，内容选题与呈现形式不限。例如，图4-36所示为某大学生回乡创业，真人出镜介绍家乡的特色农产品；图4-37所示为某大学生为家乡农产品代言，亲自到农产品生产基地展示农产品的采摘过程。

图4-36　介绍家乡的特色农产品

图4-37　展示农产品的采摘过程

👤 活动4　使用"DOU+"推广农产品短视频

"DOU+"是抖音为商家提供的付费推广工具。巧妹发布短视频后，使用"DOU+"进行推广，具体操作如下。

步骤 01 打开抖音App，点击"我"选项，进入个人中心，在作品列表中选择发布的短视频。

步骤 02 进入播放界面，点击界面右侧的▪▪▪按钮，在打开的界面中点击"上热门"按钮，如图4-38所示。

步骤 03 进入"DOU+"投放设置界面，点击"单视频"选项卡，推广单个短视频。将投放目标设置为"粉丝量"，投放时长保持默认设置"3天"；在"把视频推荐给潜在兴趣用户"栏中选中"自定义定向推荐"单选项，在"年龄"列表中依次点击"18～23岁"和"24～30岁"选项，如图4-39所示，其他选项保持默认设置。

步骤 04 投放金额保持默认设置"300元"，点击 支付 按钮，如图4-40所示，完成支付后即开始推广短视频。

图 4-38 点击"上热门"按钮　　图 4-39 设置投放目标、　　图 4-40 点击"支付"按钮
投放时长和视频推荐

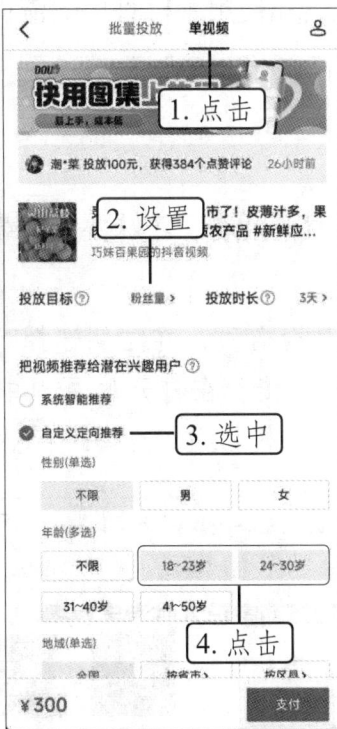

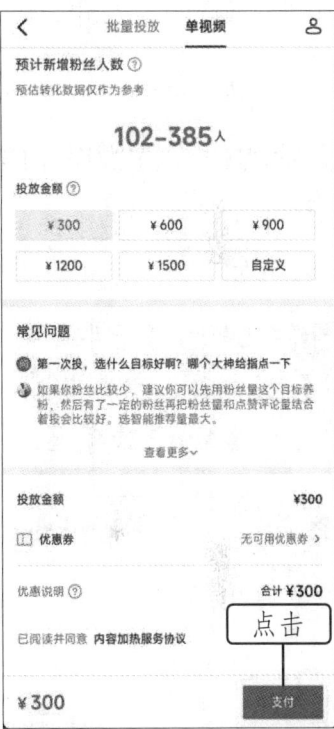

素养小课堂

　　短视频领域如今已经十分规范，但个别商家为了博眼球，仍会发布一些有失偏颇、夸大的短视频，这是不可行的。为了提升短视频制作质量，向消费者输出优质的短视频内容，商家在策划短视频内容时应该端正态度，提升自我标准，持续产出高质量的短视频，助力短视频行业规范化、专业化发展。

任务二 开展农产品直播营销

任务描述

随着直播营销的流行，直播功能成为电商平台的标配，直播营销也成为商家开展网店运营的重要营销手段。巧妹在淘宝网店发布荔枝产品后，将通过淘宝直播开展直播活动，促进农产品销售。巧妹按照入驻淘宝直播、规划直播场景、策划直播脚本、发布直播预告和使用手机直播的流程进行首次直播。

任务实施

👤 活动1　入驻淘宝直播

由于没有在淘宝开展过直播活动，巧妹要先下载淘宝主播App并入驻，具体操作如下。

步骤 01 打开千牛商家工作台首页，在左侧选择"内容"选项，在"内容创作"栏中单击"去直播"超链接。在打开的页面中，将鼠标指针移动到右侧"手机端App"选项上，使用手机扫描二维码进行下载，如图4-41所示。

图4-41　扫码下载淘宝主播App

步骤 02 下载并安装后，打开淘宝主播App，使用淘宝账号登录，然后点击 ▇立即入驻，即可开启直播 按钮，如图4-42所示。在打开的界面中点击 去认证 按钮，如图4-43所示，进入认证界面，完成实人认证即可开启直播。

图 4-42 点击"立即入驻，即可开启直播"按钮

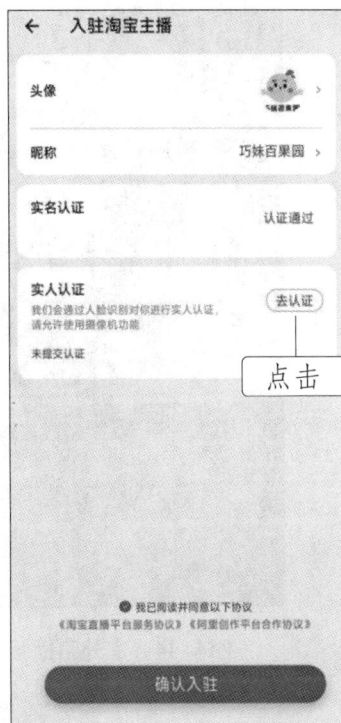

图 4-43 点击"去认证"按钮

> **经验之谈**
>
> 抖音也具备直播功能和电商功能（即抖音小店）。商家可入驻抖音小店开设网店并通过抖音直播销售网店中的商品，但开通抖音直播功能除了要进行实人认证，还要求主播个人主页视频数大于等于 10 条，抖音账号粉丝量大于等于 1000 人。

活动2 规划直播场景

直播场景影响直播画面的整体呈现效果，布置一个合适的直播场景尤为重要。在正式直播前，商家需要规划直播场景，总体上直播场景要干净、整洁。

通常，直播场景分为室内场景和室外场景两种。巧妹首次直播选择室外场景，直播场地在自己的果园中，如图 4-44 所示。她在果园内撑起篷，身后是挂满果实的荔枝树，这样做可以让消费者直观地看到荔枝的产地、品质，使商品的呈现更加真实。另外，在直播中，巧妹可以向消费者展示现场采摘荔枝的场景，如图 4-45 所示，体现出荔枝新鲜采摘的卖点，以此吸引消费者关注。

图4-44　室外直播场地　　　　图4-45　现场采摘场景

知识窗

　　农产品很适合室外直播。例如，销售菜籽油的商家在油菜种植园或室外榨油厂直播，可以带领消费者近距离观看菜籽的收割、清理、轧胚、蒸炒、过滤、装箱等过程，这不仅能给消费者带来有吸引力的沉浸式体验，还能提升消费者的信任度。但室外直播也存在局限性，例如，暴雨、高温等恶劣天气就不适合在室外直播，另外，室外直播通常在白天，而直播的人气峰值一般在19:00—23:00时段。所以，根据具体情况，农产品也可以进行室内直播。

　　进行室内直播时，商家可以搭建专门的直播间，也可以将办公室、室内打包场所、库房等作为直播间，且直播间要有良好的隔音效果和较好的光线，背景墙的颜色一般选择浅色、纯色，避免背景墙喧宾夺主。需要注意的是，室内直播因光线不足影响直播观看效果时，要使用补光灯补充光线。通常，可采用1盏球形灯、2盏柔光灯的"3灯布光方案"，如图4-46所示。其中，球形灯放在镜头上方且高于镜头和主播，提供主光，主光是主导光源，它决定画面的主调，是映射主播的主要光线，承担主要的照明作用，可以使主播脸部受光均匀；柔光灯放在主播两侧，提供辅助光，辅助光即辅助主光的灯光，一般从主播的侧面照射，起到突出主播侧面轮廓的作用，让主播的形象更加立体，同时也能照亮周围的大环境。

图 4-46 3 灯布光方案

知识窗

活动3 策划直播脚本

要使直播有条不紊地进行，巧妹需要策划直播脚本，即撰写直播活动的大纲，规划直播流程，把控直播节奏，避免在直播中冷场。

在策划直播脚本时，巧妹首先罗列了直播的各个要素，包括直播的主题、人员、时间、场地和商品，然后梳理了直播各个时间段的流程安排，如表 4-3 所示。

表 4-3 直播脚本

直播概述		
直播主题	广西灵山"妃子笑"新鲜上市	
直播人员	巧妹	
直播时间	6 月 5 日 8:00—9:20	
直播场地	果园	
直播商品	"妃子笑"荔枝	
直播流程		
时间段	流程规划	直播内容
8:00—8:20	开场预热	向进入直播间的消费者打招呼、问好，进行自我介绍，引导消费者关注，简单介绍今日主推商品及优惠活动
8:21—8:40	商品讲解	讲解、试吃商品（荔枝），展示商品外观、采摘过程，详细介绍商品特点，回答消费者问题，引导消费者关注、下单

续表

直播流程		
时间段	流程规划	直播内容
8:41—8:50	发放福利	发放优惠券、红包，或者进行抽奖等，回答消费者问题，引导消费者关注
8:51—9:10	商品讲解	再次讲解商品，回答消费者问题，引导消费者关注、下单
9:11—9:20	直播预告	预告下期直播的时间、主推商品及福利，回答消费者问题，引导消费者关注，感谢消费者观看直播，结束直播

📋**经验之谈**

如果在直播间内销售1～3款商品，安排的直播时间较长，可循环讲解商品（因为直播过程中不停地有消费者进出）；如果商品多于3款，依次讲解商品后，可根据余下的直播时长和商品数量，选择循环介绍商品或对销售情况较好的商品进行返场讲解。商品的讲解排序可设置为每推广两个销量一般的商品便推广一个销量较好的商品，以调动直播间气氛。

活动4 发布直播预告

巧妹发现很多商家会发布直播预告，为直播预热，扩大直播的声势，提前为直播引流。于是，巧妹决定在直播的前一天通过淘宝主播 App 发布直播预告，为即将开展的直播预热引流，并在发布预告时添加直播商品，具体操作如下。

步骤 01 打开淘宝主播App，在"预热下一场直播"栏中点击 发预告 按钮，如图4-47所示。

步骤 02 打开直播预告编辑界面，首先在"添加封面"和"添加预告视频"栏中上传直播封面和预告视频（配套资源：\素材\项目四\直播封面.jpg、预告视频.mp4），然后在"直播标题"文本框中输入"灵山妃子笑新鲜上市"（标题一般控制在12个字以内，过多则可能显示不完全），如图4-48所示。

步骤 03 点击"直播时间"选项，在打开的列表中选择直播开始时间"6月5日08时00分"，如图4-49所示。

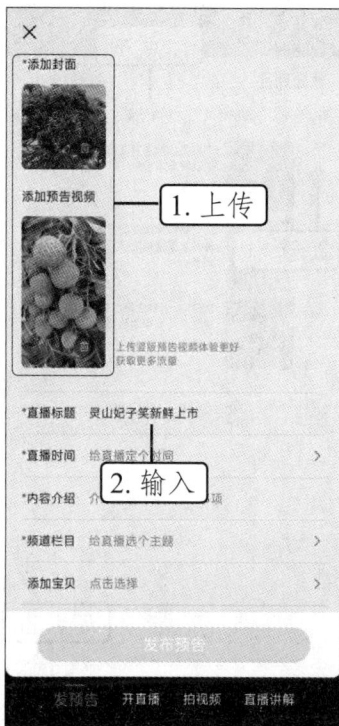

图 4-47 点击"发预告"按钮　图 4-48 上传素材并设置标题　图 4-49 选择直播开始时间

步骤 04 在"内容介绍"文本框中输入直播简介，这里输入"新鲜采摘 果园直发"。

步骤 05 点击"频道栏目"选项，在打开的"频道栏目"界面中选择"吃货力荐"选项，再选择新鲜蔬果"选项，如图4-50所示。

步骤 06 点击"添加宝贝"选项，打开"添加宝贝"界面，点击"添加"按钮■。打开"直播商品"界面，点击 本店新品 按钮，选中荔枝商品，点击 确认 按钮，如图4-51所示。

步骤 07 返回编辑界面，选中"开播时自动把预告商品发布到直播间"单选项，点击 发布预告 按钮，如图4-52所示。

- - - - - 📖 **经验之谈** -

　选中"开播时自动把预告商品发布到直播间"单选项，在直播时无须在直播间手动上架商品，消费者在直播间点击商品链接，即可进入商品详情页下单购买商品。

图 4-50　选择频道栏目　　　图 4-51　选择直播商品　　　图 4-52　发布预告

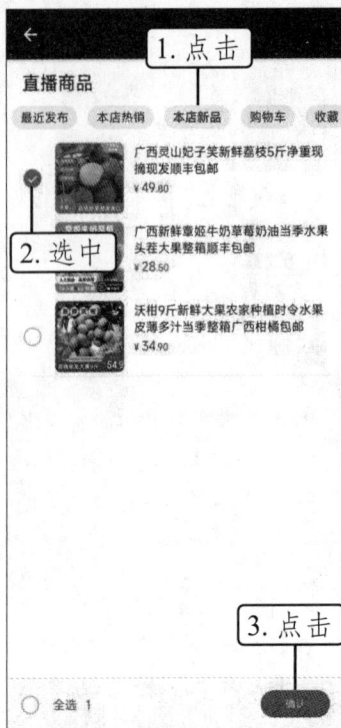

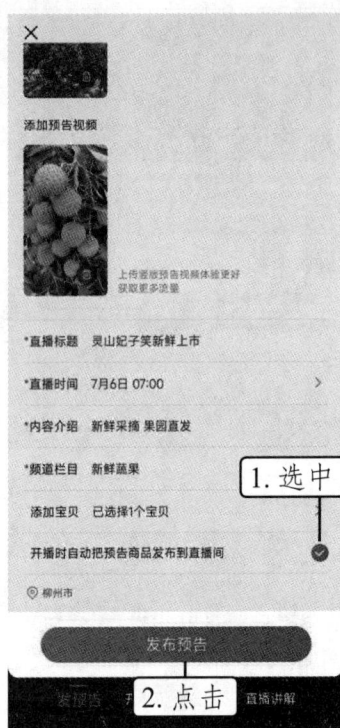

📋 **经验之谈**

商家除了可以在淘宝发布直播预告预热引流外，还可以通过站外引流，即以文字或视频等形式在微博、微信等第三方平台上发布直播预告，以进一步扩大营销的范围和影响力。另外，直播预热时间与开播时间间隔要适宜。间隔时间太长，消费者容易忘记；间隔时间太短，商家没有充足的时间传播，不利于信息传播。一般来说，直播预热时间应当为正式直播前的1～3天。

👤 活动5　使用手机直播

巧妹在室外直播，并且在直播时会来回走动，向消费者展示采摘荔枝的场景，所以巧妹使用手机直播。手机方便携带，也适合移动。直播时，她将按照直播脚本规划的流程进行。

第一步 开启直播

发布直播预告后，约定的直播时间到了，巧妹立即开启了直播。首先打开淘宝主播 App，点击上方的 按钮，如图 4-53 所示，然后在打开的界面中点击（开始直播）按钮，如图4-54所示。

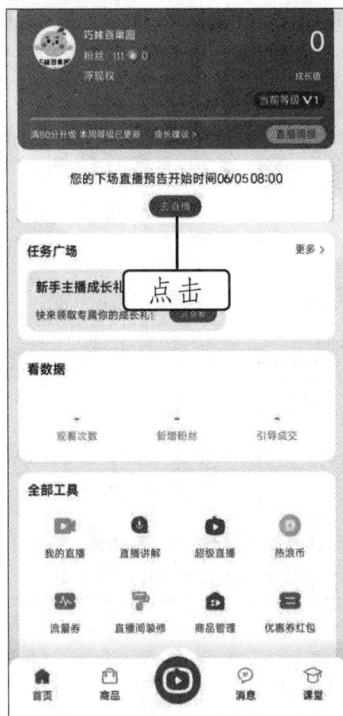

图4-53 点击"去直播"按钮

图4-54 开始直播

📋 经验之谈

通常，商家可以直接使用高像素摄像头的手机直播，手机不仅携带方便，而且能适应大部分直播场景，如山地、田间、果园及室内等。使用手机直播，应保证手机电量充足，调至飞行模式（前提是有可用的Wi-Fi），在直播过程中，避免电话或无关信息的打扰。如果有多人协同直播，还需要额外准备一台手机备用，以便主播查看评论、截屏互动及监控直播。另外，坐着直播时，应准备手机支架，手机支架用于固定手机，一是避免镜头晃动；二是可腾出主播的双手，以便更好地进行商品展示，试用、试吃商品等。

第二步 **直播开场**

直播开场是决定消费者是否会留下来的关键时间段，一个好的直播开场需要主播采用一些营销话术吸引消费者。巧妹直播时，在不同的场景采用了不同的直播开场话术，如表4-4所示。

表4-4　直播开场话术

场景	话术用途	话术示例
开播欢迎	暖场	欢迎朋友们来到我的直播间，希望朋友们多多支持哦
		Hello，大家好，欢迎来到我的直播间
		欢迎××（消费者昵称）来到我的直播间，这名字有意思啊，是不是有什么故事
自我介绍	展示主播	大家好，我是××，大家叫我××、××都可以
		Hello，大家好，我是××，我的直播开始了
引导关注	引导消费者关注主播	喜欢主播就动动你的小手点击屏幕上方的"关注"按钮
		关注主播送福利，千万别走开哦
		接下来直播间会给小伙伴们带来高质量的商品，关注主播不迷路哦
		刚刚进入直播间的朋友，记得点击屏幕上方的"关注"按钮，每次有福利，我们会第一时间通知你

动手做

设计直播开场话术

请同学们收集资料，设计直播开场话术，要求为每个场景设计两条话术，并填写至表4-5。

表4-5　设计直播开场话术

场景	话术
开播欢迎	
自我介绍	
引导关注	

第三步　讲解商品

开场预热后，巧妹开始按照引出商品、商品详解、促成下单的顺序讲解商品。

（1）引出商品。引出商品即自然引出要推荐的商品，为接下来详细介绍商品的环节做铺垫，让目标消费者留在直播间，继续观看直播。巧妹引出商品的内容如下。

过完小满，就是荔枝上市的季节了。说到荔枝，最先想到的应该是"妃子笑"，"一骑红尘妃子笑，无人知是荔枝来"，"妃子笑"由此而得名。

灵山县是"中国荔枝之乡"，栽培荔枝的历史悠久，史料记载，灵山荔枝种植始于唐朝。2012年，灵山荔枝被授予"国家地理标志保护产品"，品质有保障，灵山荔枝就是灵山的一张名片。灵山荔枝品种繁多，"妃子笑"就是广为人知的一个品种，成熟时间较早。

巧妹是地地道道的灵山人，我的身后就是我们家的果园，你看，满满的妃子笑，喜欢吃荔枝的朋友可以尝尝鲜。

（2）商品详解。引出商品后，接着就要详细介绍商品。在这个环节，巧妹主要阐述商品的属性和利益点，以便说服消费者购买荔枝，内容如下。

①介绍商品的属性。巧妹家的妃子笑（一边介绍，一边剥壳展示荔枝并试吃），你看一看，果实大，单果均重25克左右；果皮薄、淡红色，果形很漂亮，果肉厚，汁水充足，品质上佳，吃起来细嫩爽脆、清甜带微香。

②介绍商品的卖点。你是不是担心吃不到新鲜的荔枝？你可以放心。首先，巧妹家的荔枝不催熟，天然健康；其次，荔枝都是现摘现发，你下单后，当天采摘当天发货，不留过夜荔枝（一边介绍，一边展示现场采摘场景）；最后，我们选择顺丰冷链空运，包装配放冰袋，不加防腐剂、不泡冰水，保证荔枝新鲜，给你完美的购物体验。

（3）促成下单。在经过引出商品、商品详解的铺垫后，巧妹将介绍商品价格、售后服务的优势，并发放福利，激发消费者购买商品，促成下单，内容如下。

①介绍价格优势，让消费者看到实实在在的优惠。巧妹家的荔枝由果园直发，价格要比你去线下购买便宜很多，5斤只要49.8元，真的很实惠，并且你购买到的荔枝，除去包装是实实在在的5斤净重。

②介绍售后服务优势，解决消费者的后顾之忧。你购买巧妹家的荔枝，如果有坏果，一律包赔，拆箱后，发现了坏果，拍照发给巧妹，巧妹照价赔偿，你完全不必担心。

③发放福利，引导消费者立即购买。想吃荔枝、尝鲜的朋友，现在在直播间下单，还可以享受红包福利，以更低的价格购买到商品，机不可失。

📖 **经验之谈**

　　简单来说，讲解商品时，商家需要一再地强调商品的卖点，如品质上佳、价格低廉、物流快速等，以说服消费者，赢得消费者信任，让消费者产生"有需要、用得上、值得买"的感受，激发消费者的购买欲望。

第四步 发放福利

　　发放福利是提升直播间人气、活跃直播间氛围、促成消费者下单的有效方法。巧妹首先创建"直播间宠粉红包"（该红包仅限消费者在发放红包的直播间里直接下单使用），并把红包领取条件设置为"关注主播"，然后在第一次商品讲解结束后发放红包，具体操作如下。

步骤 01 在直播间底部点击"商品"按钮😊，如图4-55所示。

步骤 02 打开"商品"面板，点击"优惠券红包"按钮🗄，如图4-56所示。

步骤 03 打开"优惠券红包"面板，将领取条件设置为"限观众行为/关注主播"（即要求消费者关注主播才可领取红包福利），然后点击"选择权益"选项，如图4-57所示。

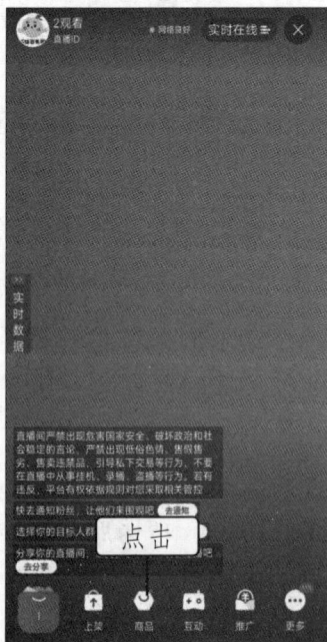

图 4-55　点击"商品"按钮　图 4-56　点击"优惠券红包"按钮　图 4-57　设置领取条件

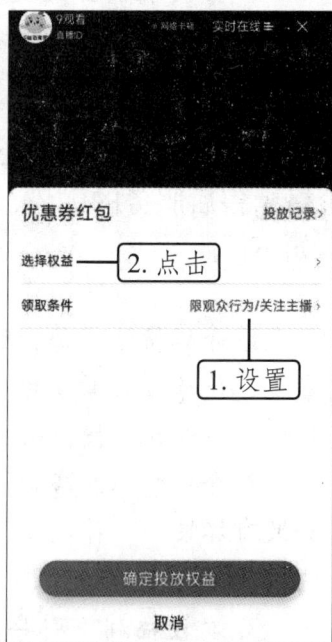

步骤 04 在打开的面板中点击"红包"选项卡，再点击"添加红包"按钮+，如图4-58所示。

步骤 05 打开"添加红包"面板，在"红包名称"文本框中输入"宠粉红包"，在"红包类型"下拉列表中选择"直播间宠粉红包"选项，设置红包面额为"¥5"、发放总量为"100个"、发放结束时间为"2022.06.05"，如图4-59所示。

步骤 06 设置红包使用时限，然后点击 确认 按钮，如图4-60所示。支付保证金后，返回"优惠券红包"面板，单击 确定投放权益 按钮发放红包。

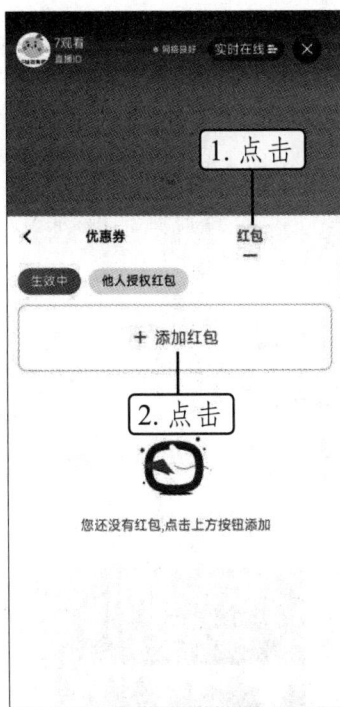

图 4-58　点击"添加红包"按钮　　图 4-59　设置红包参数　　图 4-60　设置红包使用时限

📝 **素养小课堂**

直播营销的技巧性很强，但商家不能本末倒置。一味地通过技巧取胜，甚至夸大其词，是不可取的，提升商品品质才是提高销量、增加销售额、打响品牌的根本。同时要谨记，直播时须仪态端庄，讲礼貌，不可通过传播低俗信息博眼球，也不能出现低俗行为。

同步实训

实训一 使用抖音制作并发布农产品短视频

实训描述

巧妹将以图文拼接的展现形式，使用抖音制作并发布关于家乡农产品的短视频，并在发布时为短视频设置"'水果之乡'灵山，好山好水，好花好果，好人家。"的标题，添加"#大山里的风景""#美丽的家乡田园风光"话题。

本实训要求同学们收集相关的图片资料，并使用抖音制作并发布农产品短视频。

操作指南

同学们可参考如下步骤进行操作。

步骤 01 打开抖音App，点击＋按钮，进入拍摄界面，点击"拍摄"按钮■右侧的"相册"选项，打开手机相册，在其中选择图片素材（配套资源：\素材\项目四\图文拼接素材\），点击■■■■■■按钮。

步骤 02 打开预览界面，点击界面上方的"选择音乐"按钮，如图4-61所示。

步骤 03 在打开的面板中选择所需的背景音乐，如图4-62所示。

步骤 04 点击上方的图片，返回预览界面。在右侧点击"滤镜"按钮，在打开的面板中点击"风景"选项卡，再点击"树间"选项，如图4-63所示。

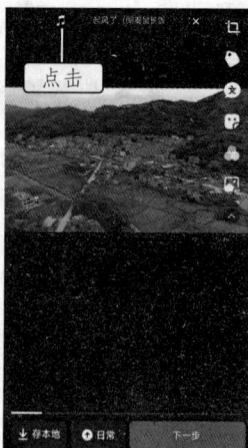

图 4-61 点击"选择音乐"按钮　　图 4-62 选择背景音乐　　图 4-63 设置滤镜

步骤 05 点击上方的图片，返回预览界面，点击 下一步 按钮，打开发布界面，移动图片排列顺序（这里以图片素材的编号排序），如图4-64所示，将第一张图片作为封面。

步骤 06 完成图片排序后，输入标题""'水果之乡'灵山，好山好水，好花好果，好人家。"，并添加"#大山里的风景"和"#美丽的家乡田园风光"话题，然后点击 发布图文 按钮发布图文，如图4-65所示。

图 4-64 图片排序

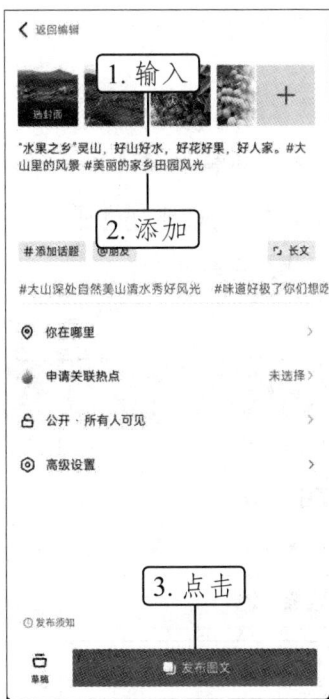

图 4-65 发布图文

💬 实训评价

同学们完成实训操作后，提交实训报告，老师根据实训报告内容，按表4-6所示的内容评分。

表 4-6 实训评价

序号	评分内容	总分	老师评分	老师点评
1	是否收集到完整、清晰、相关的图片素材	20		
2	是否正确使用抖音制作出完整的图文短视频	40		
3	是否正确发布了短视频	40		

总分：_____

👤 实训二 进行淘宝直播带货

📋 实训描述

巧妹计划在 6 月 11 日 19:00—21:00，通过淘宝直播销售灵山特色美食，共 6 款商品，包括灵山大粽、薯蓉芝麻饼、武利牛巴、黄瓜皮、宇峰凉粉和冬蓉月饼。

本实训要求同学们策划本场直播的脚本，设计其中一款商品（薯蓉芝麻饼）的讲解内容，然后进行直播，根据商品讲解内容入镜讲解商品。

🔧 操作指南

第一步 策划直播脚本

策划直播脚本，列出直播的主题、人员、时间、场地、商品，并规划直播流程和内容，如表 4-7 所示。

表 4-7 直播脚本

直播概述	
直播主题	灵山特色美食，真好吃！
直播人员	××
直播时间	6 月 11 日 19:00—21:00
直播场地	直播室
直播商品	灵山大粽、薯蓉芝麻饼、武利牛巴、黄瓜皮、宇峰凉粉、冬蓉月饼

直播流程		
时间段	流程规划	直播内容
19:00—19:10	开场预热	进入直播状态，和消费者打招呼，进行自我介绍，引导消费者关注，预告今日主推商品和优惠活动
19:11—19:50	讲解前 3 款商品	展示商品外观，介绍商品特点，回答消费者问题，引导消费者关注、下单
19:51—20:00	发放福利	与消费者互动，发放红包
20:01—20:40	讲解余下的 3 款商品	讲解商品，回答消费者问题，引导消费者关注、下单
20:41—20:50	商品返场	对销售情况较好的商品进行返场讲解
20:51—21:00	直播预告	预告下期直播的时间、主推商品及福利，回答消费者问题，感谢消费者观看直播，结束直播

第二步　设计商品讲解内容

薯蓉芝麻饼的基本信息如表 4-8 所示。

表 4-8　商品基本信息

名称	产地	规格	价格	口感
薯蓉芝麻饼	广西灵山县	50 个 / 箱	原价 1 箱 88 元；直播间 1 箱 75 元，包邮，再送 5 个香脆香	酥脆可口，唇齿留香，不黏牙
原料	工艺	适宜人群	营养价值	
马铃薯、芝麻、植物油、糯米粉	传统手工制作	老少皆宜	少油少糖，含钙高，营养健康	

根据商品信息，通过引出商品、商品详解、促成下单的顺序设计商品讲解内容，示例如下。

（1）引出商品。大家小时候都吃过芝麻饼吧。香香脆脆的，一口咬下去满嘴巴黏着芝麻，这就是童年的味道。但灵山芝麻饼你不一定吃过哦，它是灵山县当地特色小吃，其中薯蓉馅（用马铃薯制作）的芝麻饼最有名。下面为你们介绍的这款商品就是薯蓉芝麻饼。

（2）商品详解。这款薯蓉芝麻饼选用农家种植的马铃薯为馅料，甜而不腻，精选上等芝麻，香味浓郁，口感好，用植物油，且不添加任何色素，糯米粉也是上等的，让整个芝麻饼口感更新鲜、更美好。咬一口，酥脆可口，唇齿留香，重要的是不黏牙，想想都垂涎三尺。另外，这款薯蓉芝麻饼从研磨和面，到烘焙出炉，除去部分系统性的加工，均由传统手工方式作业，匠心独运、原汁原味。

（3）促成下单。在灵山，芝麻饼是逢年过节家中必备零食！这款薯蓉芝麻饼少油少糖，含钙高，营养健康，老少皆宜，不仅家里面的大人、小孩可以吃，还可以拿来送人，帮你解决送礼不知道选什么好的问题。这款薯蓉芝麻饼原价1箱88元，直播间1箱75元，包邮，再送5个香脆香，很实惠，喜欢吃吗？喜欢吃，就不要错过哦。

第三步　使用手机进行直播

本实训要求同学们通过手机登录淘宝主播 App，根据编写的商品讲解内容真人入镜模拟直播，讲解商品详情，讲解时长在 10 分钟左右。讲解时，可以声情并茂地介绍商品的卖点，使讲解更具感染力和说服力。

💬 **实训评价**

同学们完成实训操作后，提交实训报告，老师根据实训报告内容，按表 4-9 所示的内容评分。

表 4-9　实训评价

序号	评分内容	总分	老师评分	老师点评
1	是否策划出完整、合理的直播脚本	30		
2	是否设计出具有吸引力和说服力的商品讲解内容	40		
3	是否入镜完成直播，并完整地进行了商品讲解	30		

总分：_____

项目总结

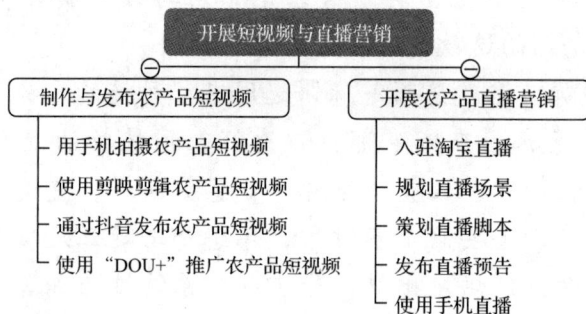

项目五

打造农产品电商品牌

情境创设

很多农户在销售农产品时并不注重打造农产品品牌，从而使得农产品的名称、包装和形态不同，难以形成社会性口碑。对于农户而言，农产品的不标准化，使其在电商行业难以走出"三无"困境，不利于网络推广。这也是巧妹开展农村电商运营过程中面临的问题。随着电商团队的逐步壮大，巧妹迫切需要提高资源配置能力和管理水平，树立农产品品牌，开展品牌化经营，进而提升竞争力、盈利能力及经营素质，增强消费者的信任感，从而实现可持续发展。

学习目标

知识目标

1. 掌握设计农产品品牌的方法。
2. 掌握优化产品与物流的方法。
3. 掌握做好农产品销售服务的方法。

技能目标

1. 能够设计农产品品牌的名称、Logo、文案和包装。
2. 能够提供优化产品与物流的解决方案。
3. 能够处理网店订单、完成发货，并提高客户服务的响应速度。

素质目标

1. 输出正向的品牌价值观，凸显品牌公益性，提升品牌的社会价值。
2. 与消费者礼貌、理性沟通，同时维护自身合法权益。

任务一　设计农产品品牌

任务描述

销售农产品需要塑造具有地方特色的品牌形象，这样可以让消费者形成对某一地域特色农产品的认知，促进农产品的快速传播。因此，巧妹将从消费者定位、品牌命名、品牌 Logo、品牌文案和品牌包装等方面设计农产品品牌，树立农产品品牌形象。

任务实施

活动1　农产品品牌消费者定位

打造易于在网络传播的农产品品牌，一定要做好消费者定位，包括人群定位、年龄定位、喜好及需求定位等。只有消费者定位清晰，才能正确赋予品牌核心价值，满足消费者需求。

由于现在网上购物的主力军是"80后""90后""00后"，所以巧妹的消费者定位倾向于年轻人群体，如表5-1所示。

表 5-1　消费者定位

人群定位	年龄定位	喜好及需求定位
"80 后""90 后""00 后"大学生、上班族、自主创业人士等	18～36 岁	喜欢自我主张，个性化强；喜欢新奇独特的事物，有一定的创新能力；喜欢分享所见所闻，有分享精神；喜欢有情怀的优质商品，有一定的消费能力

活动2　农产品品牌命名

　　一个好的品牌名称会增加消费者对农产品的好感，留下深刻的印象，因此为农产品起一个朗朗上口、独特易记的品牌名称非常有必要。农产品的品牌名称字数建议在 3 个字以上、6 个字以下，最好能做到：长短适中，易读易记；构思巧妙，内涵丰富；简洁明了，富有寓意。农产品品牌命名可以从产地、人名、卖点、寓意等方面入手，如表 5-2 所示。

表 5-2　农产品品牌名称示例

命名方式	品牌名称示例
以产地命名	沽河牌蔬菜、顺科牌鸡蛋、原阳大米、莱阳梨、王屋山猕猴桃、山西老陈醋
以人名命名	巧妇 9 妹、芒小二、詹氏蜜蜂园、蟹先生、果二妹、土豆姐姐、李金柚、青皮君、阿柑鲜生
以卖点命名	鲜原町、果多芬、谷维源、鲜具全、知味观、百草味、老香斋、好首艺、百果园
以寓意命名	五谷丰、福寿康、禾佳欢、塞佰果、福满园

　　经过分析后，巧妹初步构想了几个品牌名称，分别是以人名命名的"岭南巧妹""巧妹鲜果"，以卖点命名、与网店同名的"巧妹百果园"，以寓意命名的"农百鲜"。巧妹因主推水果商品，所以将"巧妹鲜果"作为品牌名称，人名中的"巧"字表明了人物特征，"鲜果"则体现了商品特点。

活动3　设计品牌Logo

　　品牌 Logo 一般通过和谐的色彩搭配、概括的图形文字混排表现商品的品牌特点，同时能体现出网店的品牌理念和文化精神。此外，Logo 要符合消费者的直观接受能力、审美意识和社会心理。常见的农产品品牌 Logo 设计思路有以下 3 种。

（1）与品牌名称相关联，将 Logo 人格化。在设计品牌 Logo 时，商家可以考虑将品牌 Logo 与品牌名称结合起来，使品牌 Logo 人格化，形成栩栩如生的品牌形象代表，生动、有趣的品牌形象能够吸引消费者的注意，拉近与消费者之间的距离，如图 5-1 所示。

图5-1　人格化的品牌Logo

（2）与农产品相关联，将农产品图形化。在设计品牌 Logo 时，商家可以考虑将农产品图形化，加深消费者对农产品的印象，促进分享传播，如图 5-2 所示。

图5-2　农产品图形化的品牌Logo

（3）突出品牌名称，将文字图形化。图形化的品牌名称与文字名称相互映衬，不仅突出了品牌名称，也使得品牌 Logo 别具一格，具有不同的视觉营销效果，如图 5-3 所示。

图5-3　文字图形化的品牌Logo

巧妹希望自己的品牌 Logo 能够体现"天然""绿色健康""新鲜"等特点，初步构想如图 5-4 所示。当然，要想达到好的效果，巧妹还需要委托专业人员根据构想设计品牌 Logo。

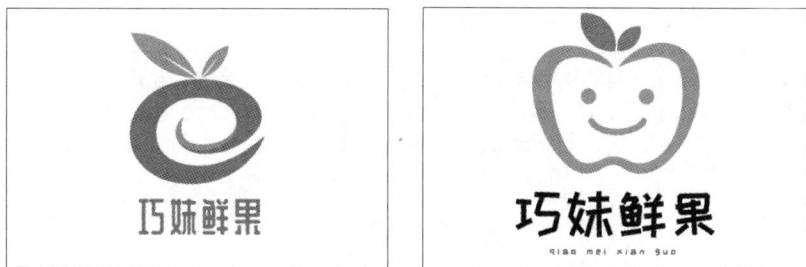

图5-4　巧妹品牌Logo初步构想

💡 **知识窗**

商家要树立较强的品牌商标意识，及时在相关部门注册商标，做好商标保护工作，以防在品牌知名度提升后商标被他人抢注，引起法律风险，造成经济损失。很多农户无法区分Logo和商标，这里做一个简单的说明，Logo是商标的英文说法，和商标虽然是同一个标志，但Logo并不完全等同商标，Logo作为美术作品凝结了设计者的智慧，设计完成自动获得著作权而不用登记（Logo的著作权归全体设计者所有，如果出现公司委托设计者设计Logo且约定其著作权归公司所有的情况，那么Logo的著作权按照约定归委托公司所有）。Logo受《中华人民共和国著作权法》保护，而商标受《中华人民共和国商标法》保护，如果商家将Logo申请注册为商标并通过审核，那么该Logo将作为商标和Logo使用，同时受《中华人民共和国著作权法》和《中华人民共和国商标法》保护。

💡 **知识窗**

活动4　撰写品牌文案

品牌文案是品牌核心价值的体现，也是品牌的魅力所在。诙谐有趣的文案，或是有情怀、有文化内涵的文案非常契合"80后""90后""00后"的需求。被消费者认可的品牌文案可作为品牌与消费者之间情感互动的桥梁。在众多农产品中，好的品牌文案让质朴的农产品绽放光芒，博得消费者的好感，使消费者产生进一步阅读、购买的欲望。表5-3所示为某东北大米品牌的文案，该文案不仅充满情怀，而且富有文化内涵。

表5-3　某东北大米品牌的文案

广告语	宣传内容
无法复刻的精准	粒长6.5mm、粒宽2.2mm，饱满敦厚，每一毫厘都源于自然的鬼斧神工
有米生得珠玉色	在水系丰沛的温带大陆，年感光达2600小时以上的大米才是真正的五常大米，只有这样的大米，才能将东北大陆的青天白云藏进胸怀，让自己珠光半透、色泽青白
共生即是同伴	它们是水生水长、常伴稻香的小生灵，也要为生长而辛勤努力！闲时，它们会倚着稻禾，时而望望天，时而望望田
筷子两端是家的味道	筷子，是连接大米与中国人味蕾的桥梁，香糯清甜的口感顺着筷子传到彼端，魂牵梦萦的家乡便在舌尖跃动起来

巧妹为自己的沃柑品牌撰写品牌文案，她选择采用通俗优美的语言、富有情感的表达展现沃柑的新鲜、味甜等特点，并通过文案搭建起一幅幅生活场景，以情怀取胜，如表5-4所示。

表5-4　沃柑品牌文案

广告语	宣传内容
好在天然，贵在领鲜	生长在大山深处，阳光洒在每一片叶子上，每一枚果实都饱满多汁。每天早晨6:00趁着露水采摘，下午5:00就能送到你手上
萍水相逢，果然不同	年末柑橘类的水果有很多，但能爽到心坎里去的却少有，而沃柑算一个……饭后来上一枚，刮油解腻，清甜果汁泛着微酸恰好丰富了沃柑的口感层次，一瓣、两瓣往嘴里塞，超满足
鲜活的味道，我先吃为敬	一口爆汁，鲜活的味道，是你想要的味道，又甜又爽的沃柑，让人垂涎欲滴，我先吃为敬啦！又水嫩又甜蜜，风味十足，闭上眼就对了

核心广告语	文案内容
沃柑，吃一次想一年	沃柑属于橘橙和红橙的杂交产物，完美地结合了橘和橙的优点，让它从一开始就具有优势，成为一种品质极高的水果

👤 活动5 设计品牌包装

品牌包装设计是提升品牌质感以及消费者体验的重要环节。风格定位准确、符合消费者心理预期的品牌包装，能帮助品牌在众多竞争品牌中脱颖而出。品牌包装设计也是一张响亮名片，为了配合文案风格，包装设计与文案同样需要融入情怀，体现品牌的特色。图 5-5 所示为某品牌不同风格的包装设计，图 5-6 所示为某品牌的内包装设计。

图5-5 某品牌不同风格的包装设计

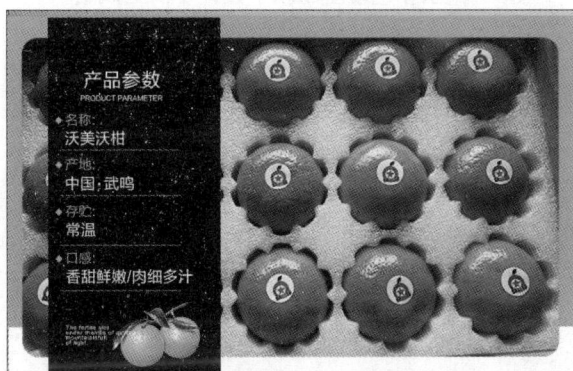

图5-6 某品牌的内包装设计

同时，设计品牌包装需要遵循以下几个原则。

（1）包装上简明地展示商品信息，让消费者第一眼就知道购买的是什么。

（2）包装形式有创意，有独特或突出的亮点，使商品能够从同类商品中脱颖而出。

（3）图形设计能配合文案风格，增加品牌辨识度，与 Logo 风格一致。

（4）包装方式较为牢固，能满足农产品在运输过程中的防潮、保鲜、不易破损等需要。

-----经验之谈-----

　　根据具体包装的农产品，商家可以在包装里附加赠品，如开果器、纸巾、果皮袋、问候信、退换货卡等，让消费者感受到品牌人性化的一面。

　　巧妹为沃柑构想了两款包装，一款是简约风格，另一款是时尚风格，如图 5-7 和图 5-8 所示。与设计品牌 Logo 相同，要想达到好的效果，巧妹还需要委托专业人员根据构想设计包装。

图5-7　沃柑包装（纸箱）设计（简约风格）

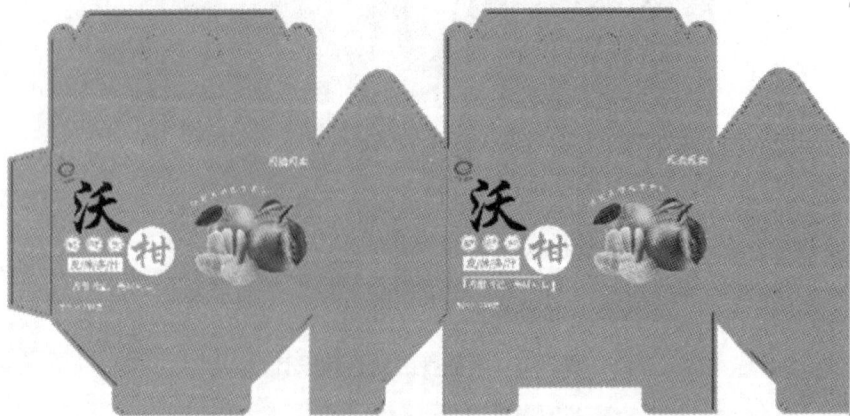

图5-8　沃柑包装（手提箱）设计（时尚风格）

知识窗

品牌塑造不是"一日之功"，贵在坚持和用心经营。塑造品牌需要遵循以下几点原则。

（1）更新品牌理念，跟上时代与政策的步伐。

（2）创新品牌形象，迎合消费者偏好。

（3）精选品牌文案，保持品牌差异化。

（4）严抓品牌品质，生产与出品标准化。

（5）传播品牌故事，创造品牌价值观。

知识窗

素养小课堂

目前，不少农产品品牌采用"互联网+农业+公益"的营销路线。每个农产品品牌背后都有打动人心的新农人创业故事、扶贫故事，商家可以通过这些故事向消费者传递情感，输出正向的品牌价值观，加深消费者的购物体验，激发消费者内心的公益热情。商家可以多讲故事，用情感制造溢价，凸显品牌的公益性，充分赋予农产品情感温度，更好地提升品牌的社会价值。

任务二 优化产品与物流

任务描述

在打造农产品电商品牌的路上，除了设计品牌的名称、Logo、文案、包装等元素，巧妹还要优化产品与物流，做好品控与物流管理。

任务实施

活动1 优化产品

刚建立品牌，巧妹可以考虑从以下几个环节优化产品。

第一步 优化农产品的生产与加工

对于自有农产品，在生产环节，需严格把关农产品播种、施肥、灌溉、除草等农事，以绿色生态健康为主；在加工环节，需采集农产品，做好安全检测，精选果品保证品质统一，完善物流包装，减少退换货率。

第二步 获得农产品标识认证

消费者购买农产品，最关心的就是农产品的品质和安全问题。食品安全是大中城市居民消费的一个"热点"，自有农产品获得农产品标识（无公害农产品、有机食品、绿色食品、农产品地理标志）认证即是农产品品质安全可靠的证明。一般申请农产品标识，政府会有相应的补贴和奖励。

巧妹可通过中国农业信息网查看农产品标识认证的相关内容。中国农业信息网是农业农村部信息中心主办的官方网站，该网站与全国各级人民政府农业网站联网运行，是具有权威性和广泛影响的国家农业综合门户网站。打开中国农业信息网，在"专题"导航栏中单击"绿色食品"超链接，如图5-9所示；在打开网站的"业务指南"面板中单击相应的选项卡和超链接，如图5-10所示，即可查看农产品标识认证的认证条件、认证标准和认证程序等信息。

图5-9　单击"绿色食品"超链接

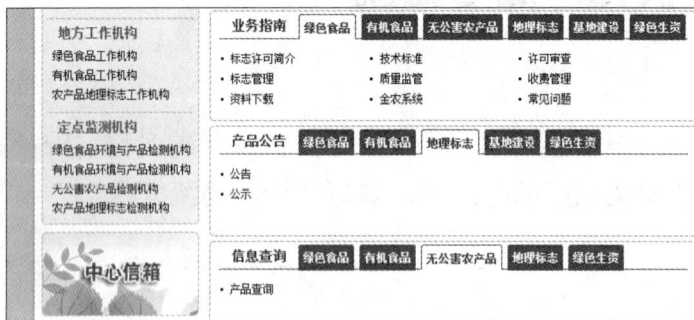

图5-10　单击选项卡和超链接查看农产品标识认证信息

需要指出的是，与其他农产品标识不同，农产品地理标志是集体公权的体现，企业和个人不能作为农产品地理标志登记申请人。符合下列条件的单位和个人，可以向登记证书持有人申请使用农产品地理标志。

（1）生产经营的农产品产自登记确定的地域范围。

（2）已取得登记农产品相关的生产经营资质。

（3）能够严格按照规定的质量技术规范组织开展生产经营活动。

（4）具有地理标志农产品市场开发经营能力。使用农产品地理标志，应当按照生产经营年度与登记证书持有人签订农产品地理标志使用协议，在协议中载明使用的数量、范围及相关的责任义务。

第三步　实现农产品溯源

农产品溯源是对农产品从生产到销售全过程记录的追溯，涉及信息化、智能化等新兴技术。商家可建立一个覆盖农产品从初级到深加工各阶段的信息库，为农产品建立溯源二维码，实现"一物一码"，为农产品建立"身份证"制度，实现对产地环境、生产过程、出品检测、分装储运等质量安全关键环节的全程监控。同时，一旦出现问题农产品，要及时发现、及时处理，并规范农产品种植、加工，促进品牌形象的树立。

巧妹将通过以下流程实现农产品溯源。

（1）生成溯源码。借助二维码溯源系统，在线生成产品标签二维码，并编辑扫描二维码要显示的内容，如农产品信息、种植信息、农产品加工信息、质量安全信息以及商家资质信息等。

（2）生产农产品并封袋包装，张贴借助二维码溯源系统生成的二维码（有条件的可以直接将溯源二维码印刷在农产品包装袋上）。

（3）消费者通过第三方软件（如微信、QQ等）扫描农产品包装袋上的溯源二维码进行农产品的信息溯源。

知识窗

农产品溯源对商家、消费者来说，都有好处，能够实现双赢。对于商家而言，农产品溯源能够提升品牌的形象和价值；全链条把控风险，确保农产品安全；提升食品安全应对能力，追根溯源；树立行业标杆，打造核心竞争力。对于消费者而言，农产品溯源不仅能让消费者全面地了解、查询农产品信息，还有利于消费者进行自我保护，打消食品安全顾虑，安心消费。

知识窗

第四步　选择优质农产品供应商

对于商家来说，选择供应商也是优化产品的一项重要工作。商家要慎重选择供应商，尽可能降低进货成本，同时和供应商建立良好的合作伙伴关系。在选择供应商时，商家可以通过分析预定供应商在一定时间内的各项指标，不断淘汰低效益供应商并引进更合适的供应商，从而达到优化产品的目的。

巧妹将通过初选、试用和确定并签订合同筛选供应商并建立合作。

（1）初选。找出 3 家以上有代表性的供应商，进行综合考察，主要考察供货商的实力、产品价格、产品质量、到货交货速度、产品来源等方面，确定初选供应商，如表 5-5 所示。

表 5-5　同类产品不同供应商的各项指标

指标	供应商A	供应商B	供应商C	供应商D	供应商E	供应商F
采购量/（件/月）	110	55	90	65	90	40
采购金额/（元/月）	1780	632.5	756	1567.5	4920	1240
销量/（件/月）	102	42	73	54	76	31
销售额/（元/月）	2856	1050.5	985	2082	7868	2304
库存量/（件/月）	8	13	17	11	14	9
退换量/（件/月）	2	4	5	4	2	3
供货周期/（天/次）	2	4	4	4	3	5
平均价格比率	6%	11%	7%	10%	5%	9%

通过分析表 5-5 中供应商的各项指标数据，巧妹发现，供应商 A、E 的产品销售状况良好，退换量少，产品质量有保障，价格相对较低，响应速度以及供货较快。因此，巧妹优先选择 A 和 E 两家供应商，淘汰其他几家供应商。

（2）试用。选择两家供应商同时供应同类商品，主要从产品质量、产品价格、服务 3 个方面进行比较，记录其在 2 至 3 个月试用期内的表现，确定最终选择的一家供应商。

（3）确定并签订合同。确定供应商后，巧妹要与供应商协调好价格、订货量、供货周期、到货时间、退换程序等问题，签订供货合同，合同期限不宜过长，一般不超过一年。

第五步　优化农产品仓储

巧妹将从以下两个方面优化农产品仓储。

（1）寻找产地仓。产地仓一般是指距离农产品原产地最近的仓库，即零售商或物流商在供应商产地附近建造的仓库，便于就近送货入仓。对于小规模生产农产品的商家来说，自己建造仓库成本较高，而把农产品运送至物流仓储基地储存，不失为一种节约成本的好方法。

（2）设置前置仓。简单来说，前置仓就是离消费者较近的仓库，可能是在某个办公楼，也可能是某个社区里设置的一个小型仓库，消费者下单后，几个小时甚至几十分钟就能配送上门。一般而言，前置仓的成本比门店要低得多，租一个底层民房或小区住宅做仓库，再配几个冷冻柜和冷藏柜就可以解决农产品的冷链存储问题。

👤 活动2　优化物流

优化物流即将供应、存储、拣货、加工、配送、分销、装配等业务活动有效地联系起来，从而提高物流运作的效率、降低成本，为商家创造更多效益。巧妹将通过以下两个方面优化物流。

第一步　选择合适的配送模式

目前，主要的物流配送模式有基地直配式、仓储中心分拨式、社区点配送式和农产品商户合作式，如表5-6所示。

表5-6　物流配送模式及说明

配送模式	说明
基地直配式	由农产品种植基地采收好后直接打包快递给消费者。这种模式的优点是流转过程较少，能保证农产品的质量；缺点是品种不够丰富，偏远地区难以保证时效
仓储中心分拨式	建立大型的仓储配送中心，在基地收购好农产品，统一存储在配送中心，根据订单再打包快递给消费者。这种模式的优点是品种丰富；缺点是时效性略差，构建大型配送仓储中心成本较高
社区点配送式	在密集的社区建立配送点，由社区配送点负责配送周边社区。这种模式的优点是配送速度较快，配送点一方面可以线下营业销售，另一方面可以作为周转配送点；缺点是要备货，会积压库存
农产品商户合作式	类似于外卖，和周边的蔬菜和水果店合作，消费者下单后，商家可以委托第三方短时间内配送给消费者。这种模式的优点是配送时效性强，运营成本低；缺点是质量难以把控

巧妹首选基地直配式，产地直发是其销售鲜果的卖点之一。因为仓储中心分拨式、社区点配送式成本较高，所以，为拓展销路，巧妹将农产品商户合作式作为次要选择。

第二步　选择合适的物流公司

除了选择配送模式，商家还需选择合适的物流公司。国内较大物流公司的特点如表 5-7 所示，商家可根据自身需要选择一两家物流公司。

表 5-7　国内较大物流公司的特点

物流公司	特点
顺丰速运	顺丰速运是国内的快递物流综合服务商，由总部统一管理，各地的服务水准基本统一，是业内公认的服务好、态度好、监督机制好的物流公司。其缺点是很多偏远地区未设置网点，且费用稍高。提供保价服务，保价费用适中
韵达速递	韵达速递的网点分布均匀、规模适中，服务质量尚可，送货速度一般为 3～4 天送达，同城当天或隔天到达，价格相对便宜。提供保价服务，保价费用较高
圆通速递	圆通速递采用加盟形式，各地服务水准和快递员素质可能有所差别。圆通速递在全国各地的网点比较齐备，并且价格相对低廉。江浙沪地区的网点较多，价格较便宜，发货速度很快，而东北、西北地区网点较少，通常只涵盖市级城市，很多县级城市可能没有网点，因此非常适合江浙沪地区的商家。提供保价服务，保价费用适中
中通快递	中通快递是一家集快递、物流、电商业务于一体的物流快递公司，提供"门到门"服务和限时（当天件、次晨达、次日达等）服务。中通快递速度适中，运费适中，偏远地区价格更高。提供保价服务，保价费用适中
申通快递	申通快递的网点涵盖区域广泛，是一家以经营快递为主的国内合资（民营）公司。申通快递速度适中，同城当天或隔天到达，江浙沪地区一般 2～3 天送达，偏远地区 5～7 天送达。申通快递收费会根据各地承包商的不同而有所不同，价格适中，适合中小件货物、非急件。提供保价服务，保价费用较低
EMS	EMS 即邮政特快专递服务，是由中国邮政提供的一种快递服务，同时提供国际邮件快递服务。EMS 运营规范、快递网点多，运送范围遍布全球，具有速度较快、运送安全、支持送货上门、可跟踪物流信息等特点，广泛用于进出口货物运输。其缺点是费用偏高，国内起重 500 克及以内价格为 20 元，续重 500 克，分区域价格加收 4～17 元。提供保价服务，保价费用稍高

经验之谈

保价服务是物流公司提供的一项增值服务，当快件在运输过程中丢损时，物流公司将按照核定的损失给予赔付。若没有保价，赔偿的费用较低，一般不超过快递运费的3倍。通常，贵重货品建议购买保价服务。

对比产品运输时长、成本、物流公司的网点分布及保价费用等后，巧妹考虑到主营产品为生鲜水果，决定选择顺丰速运和中通快递，物流时效性要求较高的水果使用顺丰速运，其他水果则使用中通快递。

💡 **知识窗**

生鲜农产品运输的注意事项包括以下4个方面。

（1）包装填充物。在包装箱内可以用废纸作为填充物，起到防撞作用。废纸还可以将生鲜农产品与包装箱隔离，若生鲜农产品渗漏汁水、血水，可以起到吸收水分的作用，避免渗透污染到其他快件。

（2）使用泡沫箱。泡沫箱尽量用配送袋从头包裹严实加胶带封边打包。若使用胶带密封泡沫箱，建议采用透明保鲜袋加胶带十字打包的方式，成本低，外观好看。若内层为泡沫箱，外层为包装箱，则在泡沫箱与外箱之间，需要留有一定的缓冲空间，建议泡沫箱与外箱之间留0.2～0.5cm的空隙，以便消费者取出泡沫箱。

（3）使用冰袋。泡沫箱内如需要保持较低温度，可使用冰袋，即泡沫箱内部是农产品加冰袋的组合。想要保持冷藏效果，一是必须做好外部泡沫箱密封；二是计算好冰袋所需的用量，因为包装重量影响物流成本。

（4）运输时限。不同的生鲜农产品运输时限不同，例如，肉类应低温不超过24小时配送。建议根据不同的生鲜农产品制定不同的运输时限，并且提示消费者注意运输时限，超过一定时限的农产品容易损坏。

💡 **知识窗**

任务三 做好农产品销售服务

任务描述

品牌承载了消费者对其产品及服务的认可，因此做好农产品销售服务是塑造农产品品牌的重要部分。在农产品销售服务环节，巧妹可通过千牛商家工作台做好处理订单、客户服务、发货等方面的工作。

任务实施

👤 **活动1 处理订单**

巧妹在网店中接待了3名要求不同的消费者，第一名消费者想要修改订单价格，第二名消费者想要修改订单收货地址，第三名消费者想要添加备注信息。巧妹查询订单后，根据消费者的要求完成了相关操作。

第一步 修改订单价格

修改订单价格只针对交易状态为"等待买家付款"的订单，消费者已提交订单但取消支付时，订单状态就会变成"等待买家付款"。巧妹了解到，有消费者需要支付10元的邮费，与网店承诺的包邮不一致。巧妹收到消费者的请求后，进入"已卖出的宝贝"页面，根据消费者提供的订单编号找到该订单，并将邮费修改为"0"元，具体操作如下。

步骤 01 打开千牛商家工作台首页，在左侧选择"交易"选项，在"订单管理"栏中单击"已卖出的宝贝"超链接，打开"已卖出的宝贝"页面，在"近三个月订单"选项卡中的"订单编号"文本框中输入消费者提供的订单编号，单击 搜索订单 按钮。搜索到该订单后，单击"修改价格"超链接，如图5-11所示。

图5-11 搜索到订单后单击"修改价格"超链接

步骤 02 打开"修改价格"对话框，单击"免运费"超链接，将邮费修改为"0"元，单击 确定 按钮完成修改，如图5-12所示。

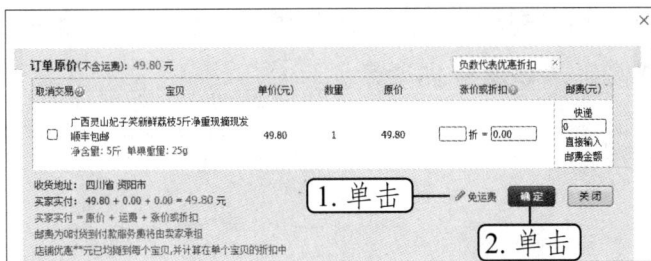

图5-12　修改邮费

第二步 修改订单收货地址

巧妹接到消费者付款后想要修改订单收货地址的请求，她利用订单编号查找到这个订单，发现该订单未发货，可以修改收货地址，于是将该订单的收货地址修改为消费者提供的新地址，具体操作如下。

步骤 01 打开"已卖出的宝贝"页面，输入订单编号搜索消费者订单。搜索到该订单后，单击"详情"超链接，如图5-13所示。

图5-13　单击"详情"超链接

步骤 02 打开"查看详情"页面，单击 修改收货地址 按钮，如图5-14所示。

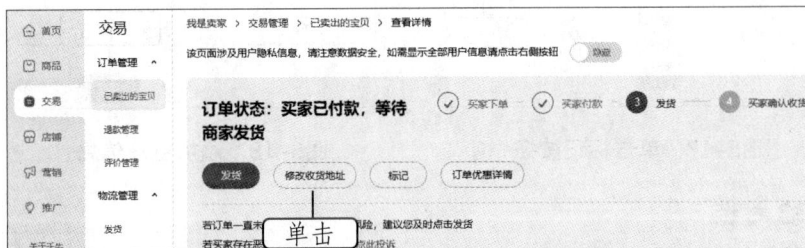

图5-14　单击"修改收货地址"按钮

步骤 03 打开"修改收货地址"对话框，单击"手动修改"对应的 按钮，开启手动修改，如图5-15所示。将订单收货地址修改为消费者提供的新地址，完成后单击 **确认修改** 按钮，如图5-16所示。

图5-15　开启手动修改

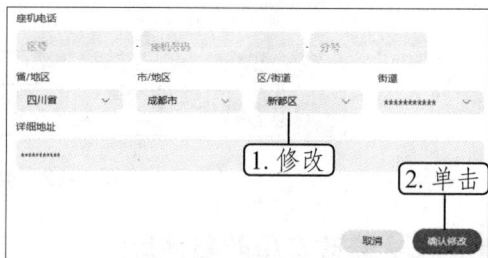

图5-16　修改为消费者提供的新地址

第三步　添加备注信息

提出添加备注信息的消费者表示，在观看直播的时候，主播表示备注"直播间下单"会赠送小礼物，但是自己在支付时忘记备注了，因此，希望巧妹能够帮忙添加备注信息。收到消费者的请求后，巧妹通过查询订单找到这名消费者的订单，将其设置为黄色标记，并添加了备注信息，具体操作如下。

步骤 01 打开"已卖出的宝贝"页面，输入订单编号搜索消费者订单。单击消费者对应列表中右上角的标记按钮 ，如图5-17所示。

步骤 02 打开"主订单备忘"对话框，在"标记"栏中选中黄色旗帜，在标记信息文本框中输入"直播间下单"，单击 **确定** 按钮，如图5-18所示。

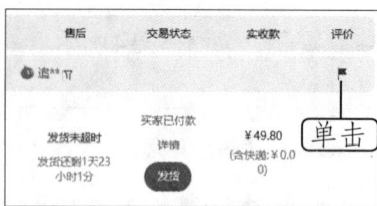

图5-17　单击标记按钮

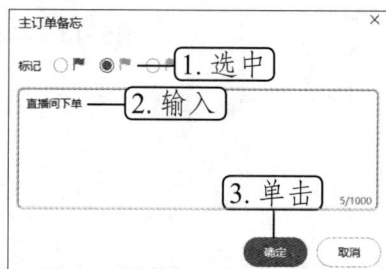

图5-18　添加备注信息

经验之谈

查询订单的方法有很多，可以通过商品名称、消费者昵称、订单编号等进行查询，其中，利用订单编号查询订单是较为常用的方法。

活动2　客户服务

为了进一步提高客户服务质量，巧妹将通过千牛商家工作台设置欢迎语，同时使用阿里店小蜜协助服务。

第一步 设置欢迎语

巧妹进入千牛商家工作台，开启欢迎语功能，设置欢迎语为"萍水相逢，果然不同。欢迎光临巧妹百果园，请问有什么可以帮助您的吗？"并关联发货问题，具体操作如下。

步骤 01 打开千牛商家工作台首页，在左侧选择"客服"选项，在"接待管理"栏中单击"接待工具"超链接，在打开的页面中选择"欢迎语"选项，如图5-19所示。

步骤 02 在打开的页面中单击"欢迎语功能"右侧的⬤按钮开启欢迎语功能，待⬤按钮变为⬤按钮后，选中"基础方案"单选项，在"欢迎语模板设置"栏中单击"售前通用（有客服在线）"对应的"编辑"按钮✎，如图5-20所示。

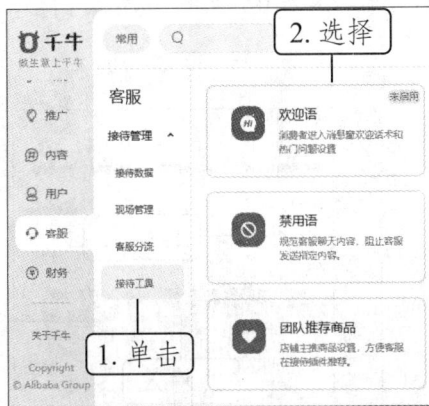

图5-19　选择"欢迎语"选项　　　　图5-20　开启欢迎语功能

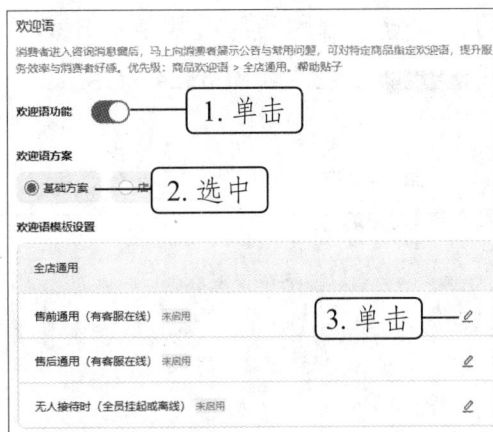

步骤 03 在打开的页面中打开"通用模板"下拉列表，选中"启用"单选项，在"欢迎话术"文本框中输入"萍水相逢，果然不同。欢迎光临巧妹百果园，请问有什么可以帮助您的吗？"，如图5-21所示。

步骤 04 单击"关联问题"对应的 添加 按钮，打开"选择关联问题"对话框，单击"添加、编辑问题"超链接，如图5-22所示。

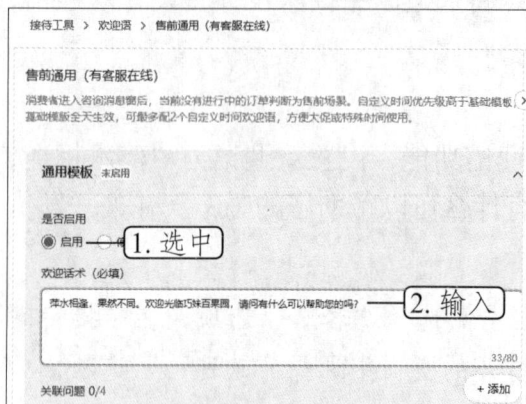

图5-21　启用并输入欢迎话术

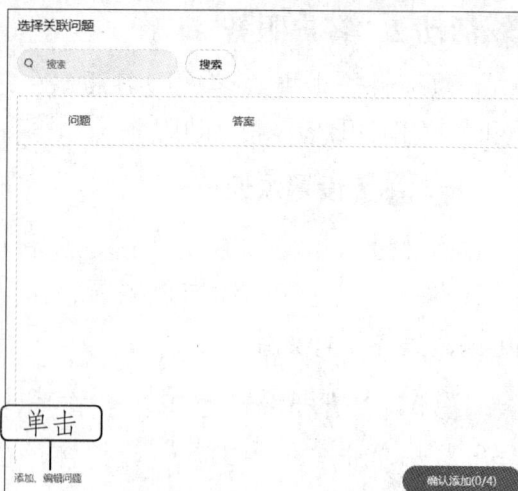

图5-22　单击"添加、编辑问题"超链接

步骤 05 打开"管理问题库"页面，单击 +新增问题 按钮，如图 5-23 所示。

步骤 06 打开"新增问题"对话框，在"问题"文本框中输入"什么时候发货"，在"答案"文本框中输入"一般情况 14 点前购买的商品是当天能够发货的，14 点之后购买的通常是次日发货，最迟会在 24～48 小时给您发出。"，单击 保存 按钮，如图 5-24 所示。

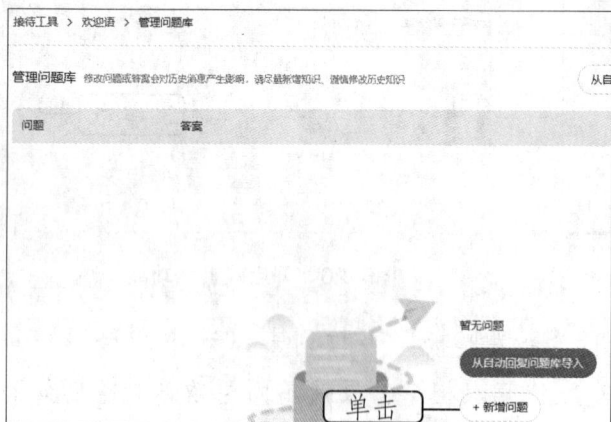

图5-23　单击"+新增问题"按钮

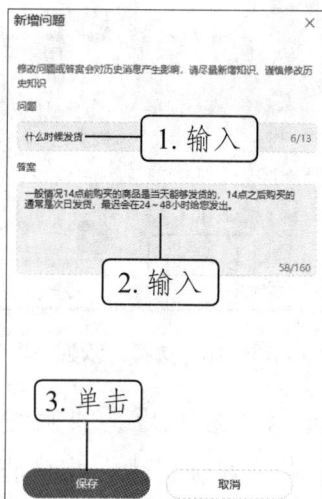

图5-24　新增发货问题

第二步 使用阿里店小蜜协助服务

巧妹发现，由于工作繁忙，有时不能及时回复消费者，所以，她决定使

用智能客服——阿里店小蜜，让其帮助回复一些简单的问题。巧妹通过千牛商家工作台开通阿里店小蜜，并为阿里店小蜜配置了网店高频问题，具体操作如下。

步骤 01 打开千牛商家工作台首页，在左侧选择"客服"选项，在"接待管理"栏中单击"接待工具"超链接，在打开的页面中选择"机器人"选项。

步骤 02 打开阿里店小蜜首页，阅读阿里店小蜜使用授权协议，阅读完毕后同意协议。在打开的页面中单击 解锁机器人来解决您店铺的问题 > 按钮，如图5-25所示。

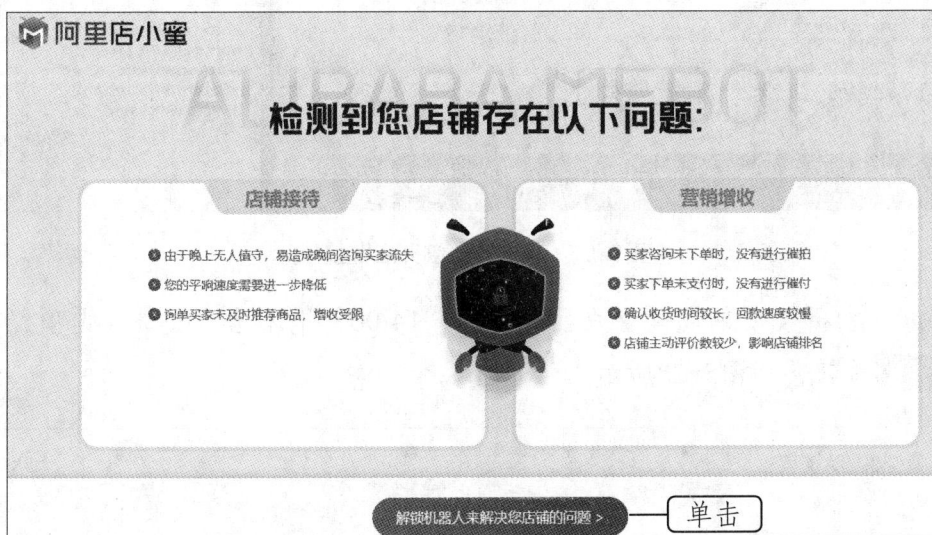

图5-25　单击"解锁机器人来解决您店铺的问题>"按钮

步骤 03 在打开的页面中单击"用户协议"超链接，查看解锁机器人的协议。查看完毕后选中"我已阅读并同意以上协议"复选框，并单击 确认 按钮，如图5-26所示。

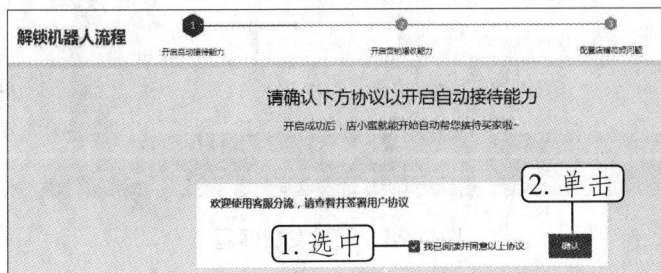

图5-26　阅读并同意协议

步骤 04 在打开的页面中默认选择所有选项，单击 一键开启 按钮，如图5-27所示。

图5-27　单击"一键开启"按钮

步骤 05 打开发货问题配置页面，选择"14:00前下单当日发货"选项，单击 确认，下一个问题 按钮，如图5-28所示。

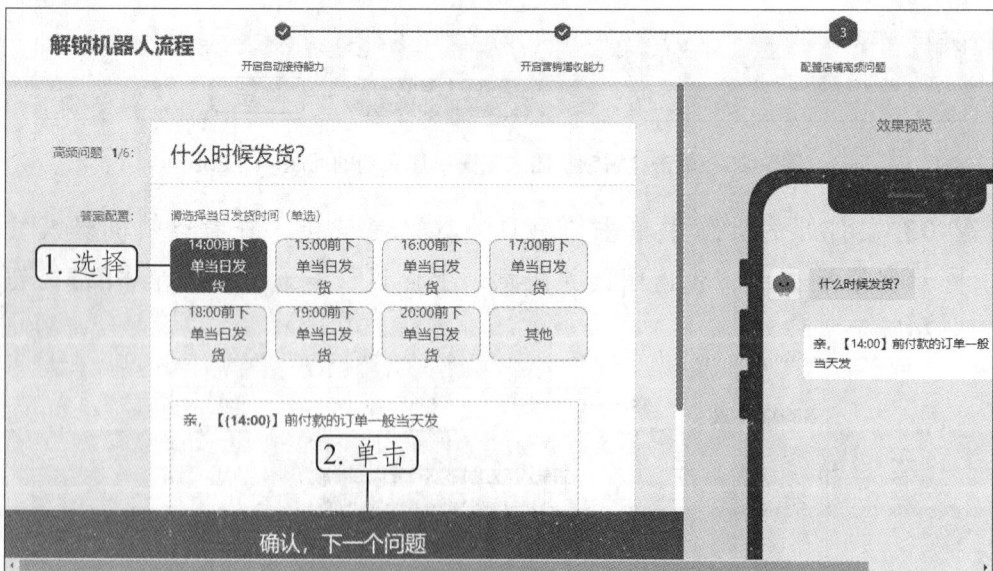

图5-28　配置发货问题

步骤 06 打开快递问题配置页面，选择"顺丰"选项，然后单击 确认，下一个问题 按钮，如图5-29所示。

图5-29　配置快递问题

步骤 07 打开发货问题配置页面，选择"48小时内发货"选项，单击 确认，下一个问题 按钮，如图5-30所示。

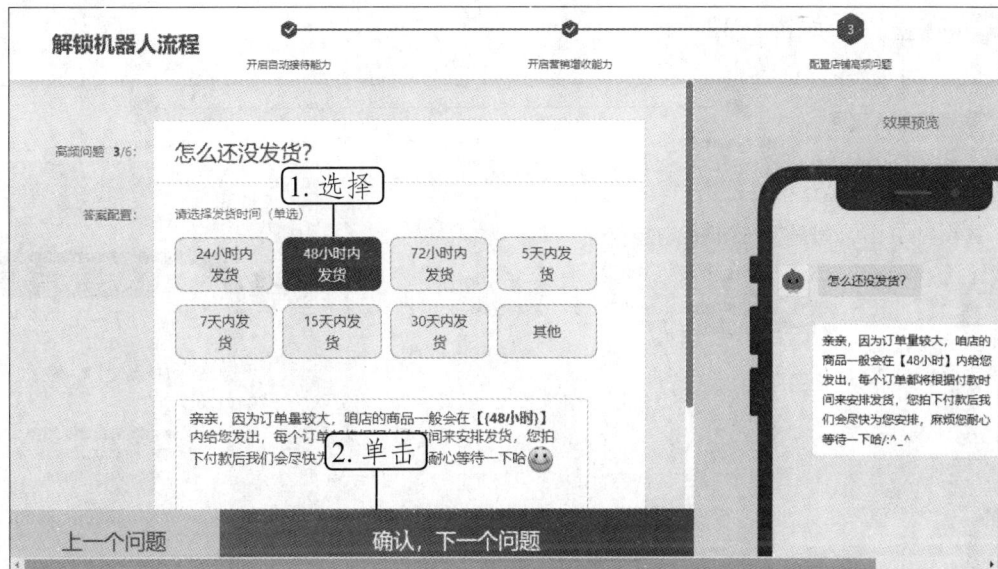

图5-30　配置发货问题

步骤 08 打开咨询问题配置页面，在"答案配置"文本框中插入系统表情，并输入"在的呢，请问有什么可以帮到您的？"，单击 确认，下一个问题 按钮，如图5-31所示。

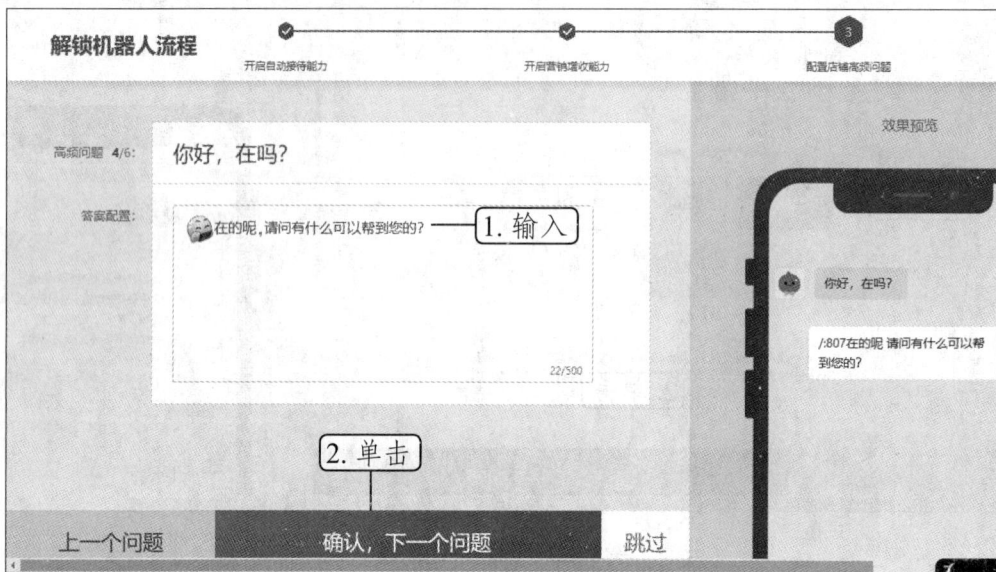

图5-31　配置咨询问题

步骤 09 打开商品链接问题配置页面，使用系统默认的答案配置，单击 确认，下一个问题 按钮，如图5-32所示。

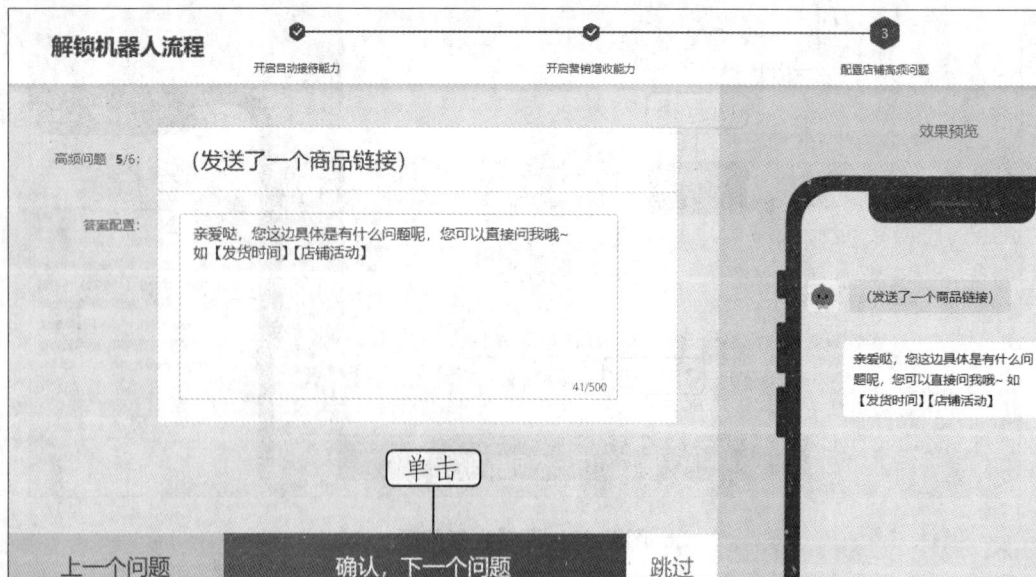

图5-32　配置商品链接问题

步骤 10 打开图片配置页面，使用系统默认的答案配置，单击 确认，下一步 按钮，如图5-33所示。

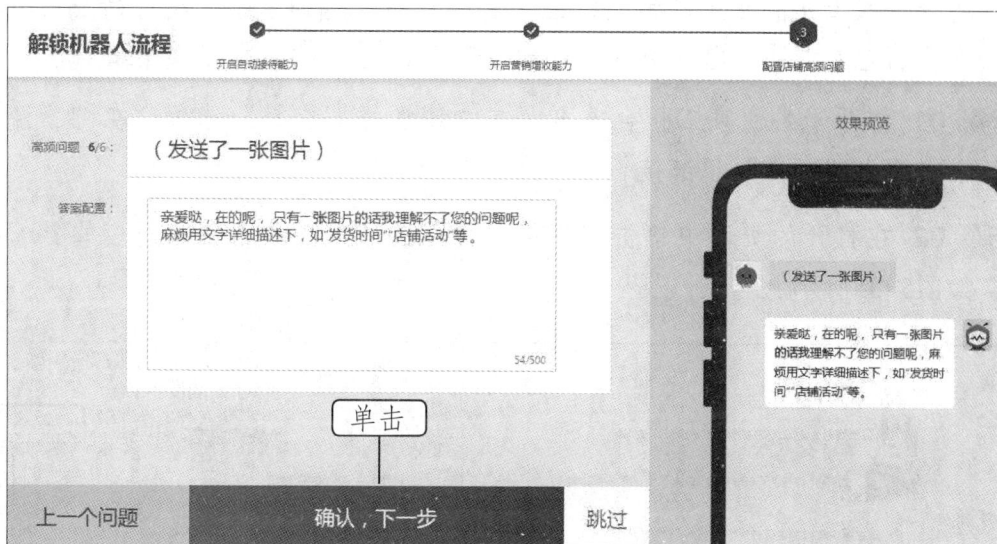

图5-33　配置图片问题

步骤 11 成功开通阿里店小蜜，单击 去工作台看看 按钮完成高频问题的配置，如图5-34所示。单击 继续配置让机器人回答更多问题 > 按钮，可配置更多问题。

图5-34　单击"去工作台看看"按钮

活动3　发货

消费者下单付款后，巧妹需在约定的时间内，联系物流公司或将农产品拿到物流公司的网点打包，取得物流单号，然后在千牛商家工作台进行发货操作。

巧妹进入千牛商家工作台后，在"等待发货"选项卡中查看等待发货的订单，确认信息无误后，选择物流公司——顺丰速运发货，具体操作如下。

步骤 01 打开千牛商家工作台首页，在左侧选择"交易"选项，在"物流管理"栏中单击"发货"超链接。

步骤 02 在打开的页面中单击"等待发货"选项卡，单击订单对应的 订单发货 按钮，如图5-35所示。

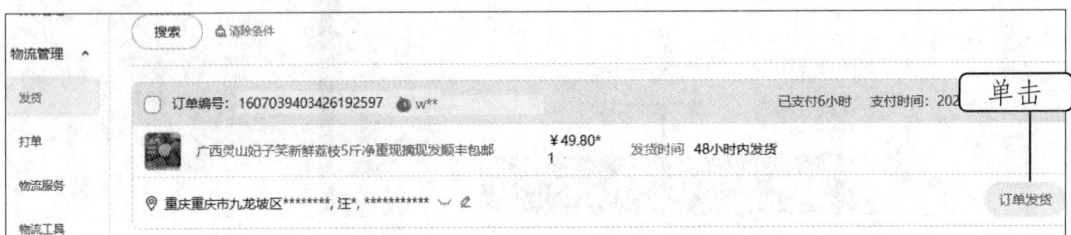

图5-35 单击"订单发货"按钮

步骤 03 打开"开始发货"页面，在"2.确认发货/退货信息"栏的"我的发货信息"中单击"编辑"按钮，如图5-36所示。

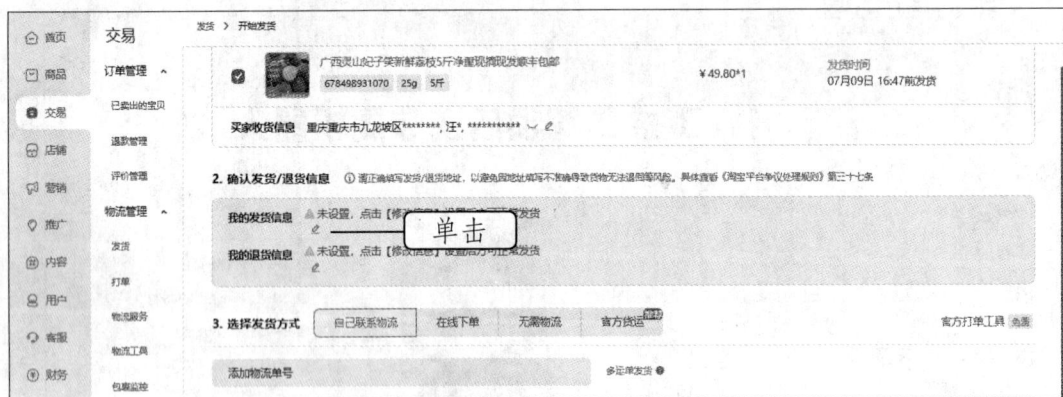

图5-36 单击"编辑"按钮

步骤 04 在打开的"选择地址"对话框中单击"+从地址库新建地址"超链接，如图5-37所示。

步骤 05 在打开的页面中单击 添加新地址 按钮，如图5-38所示。

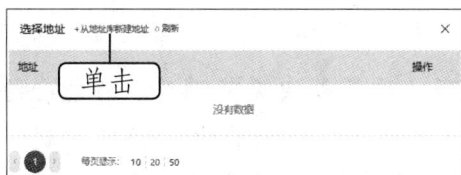

图5-37 单击"+从地址库新建地址"超链接　　　图5-38 单击"添加新地址"按钮

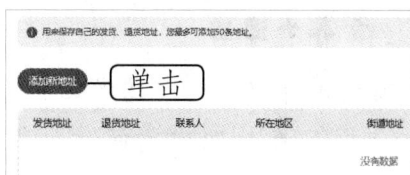

步骤 06 在打开的"添加新地址"对话框中设置联系人、所在地区、街道地址等信息，单击 **确定** 按钮，如图5-39所示。

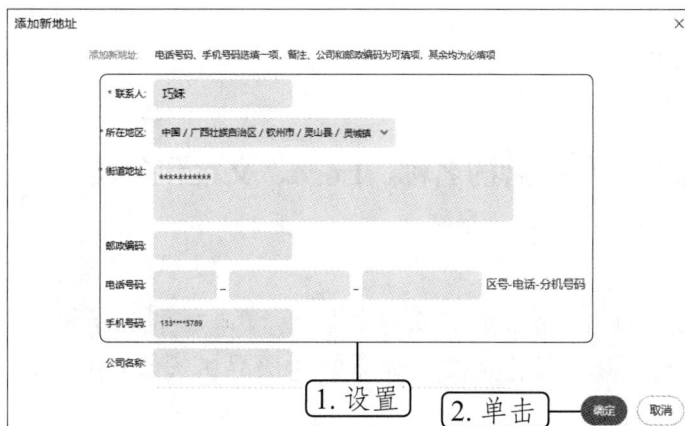

图5-39 添加新地址

步骤 07 返回"开始发货"页面，在"2.确认发货/退货信息"栏中将"我的退货信息"自动填充为与发货信息相同的内容，确认后，在"3.选择发货方式"栏中选择"自己联系物流"选项，在下方的"添加物流单号"文本框中输入物流单号并选择物流公司"顺丰速运"，最后单击 **确认并发货** 按钮，如图5-40所示。

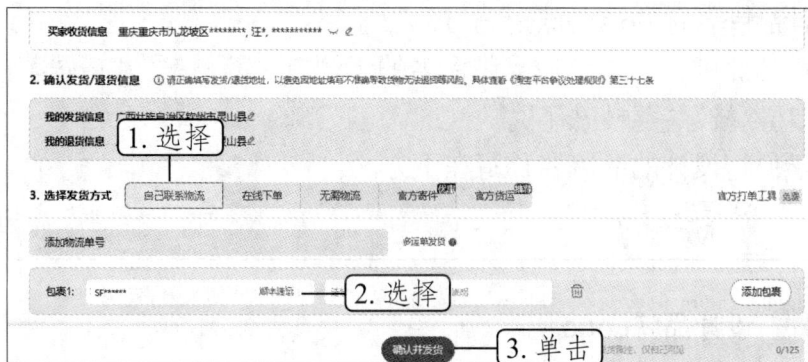

图5-40 确认并发货

> **素养小课堂**
>
> 　　有些消费者若对网店的客户服务、商品质量或快递不满意，可能会给网店中差评。在处理中差评时，良好的处理心态是与消费者沟通的前提。面对差评，商家不要急于解释，甚至中伤消费者，而是要耐心询问差评的缘由，给出处理方案并诚恳致歉。同时，也不排除一些消费者恶意评论，利用差评要挟商家，遇到此类情况时，商家一定不能妥协，需要据理力争，维护自己的合法权益。

同步实训

实训一　设计荔枝品牌的名称、Logo、文案和包装

实训描述

　　巧妹将建立自己的子品牌，主要销售荔枝，包括妃子笑、鸡嘴荔、黑叶、灵山香荔、桂味、糯米糍等品种，她需要为该品牌设计品牌名称、Logo、文案和包装。

　　本实训要求同学们根据上述信息设计荔枝品牌的名称、Logo、文案和包装。

操作指南

第一步　设计品牌名称

　　现在的品牌名称越来越个性化，而且简洁、朗朗上口。利于记忆、联想和传播是设计品牌名称的核心原则。

　　根据上述原则，巧妹荔枝品牌命名的示例有"荔枝鲜""巧妹荔枝""巧妹鲜荔枝""巧荔枝""荔枝熟了"。

　　请同学们将设计的品牌名称写在下方。

第二步　设计品牌Logo

　　请同学们根据品牌 Logo 的常见设计思路，初步构想品牌 Logo，示例如图 5-41 所示。

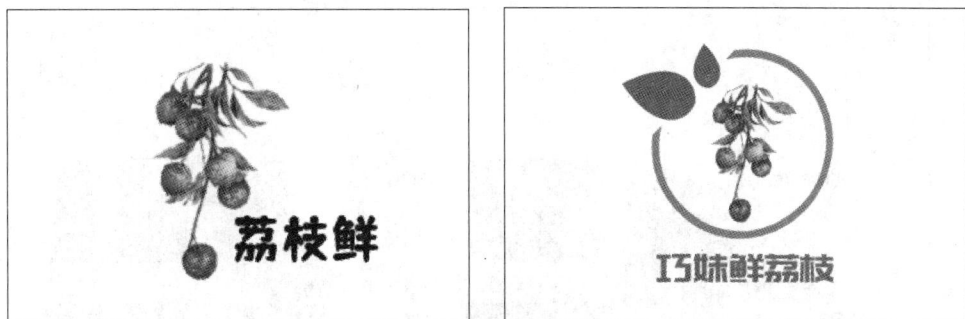

图5-41　巧妹荔枝品牌Logo示例

第三步 撰写品牌文案

请同学们根据表5-8所示的荔枝品牌文案，撰写3条有关荔枝品牌的文案。

表5-8　荔枝品牌文案

序号	核心广告语	文案内容
1	灵山来的荔枝	雨后的灵山空气清新，凉风习习，漫山遍野的荔枝树挂满了红彤彤的荔枝，一簇簇荔枝压弯了枝头，在微风中摇摆，一片片翠绿中点缀着星星点点的红，惹人心醉
2	日啖荔枝三百颗，不辞长作岭南人	如果每天吃三百颗荔枝，我愿意永远做岭南人
3	生来得天独厚，不负芸芸众生	得益于良好的温光条件，灵山荔枝种类丰富，早、中、晚熟品种兼备，妃子笑、鸡嘴荔、黑叶、灵山香荔、桂味、糯米糍等，只是名字都那么好听
4		
5		
6		

第四步 设计品牌包装

请同学们根据品牌包装的设计原则，初步构想品牌包装的设计思路，示例如图5-42所示。

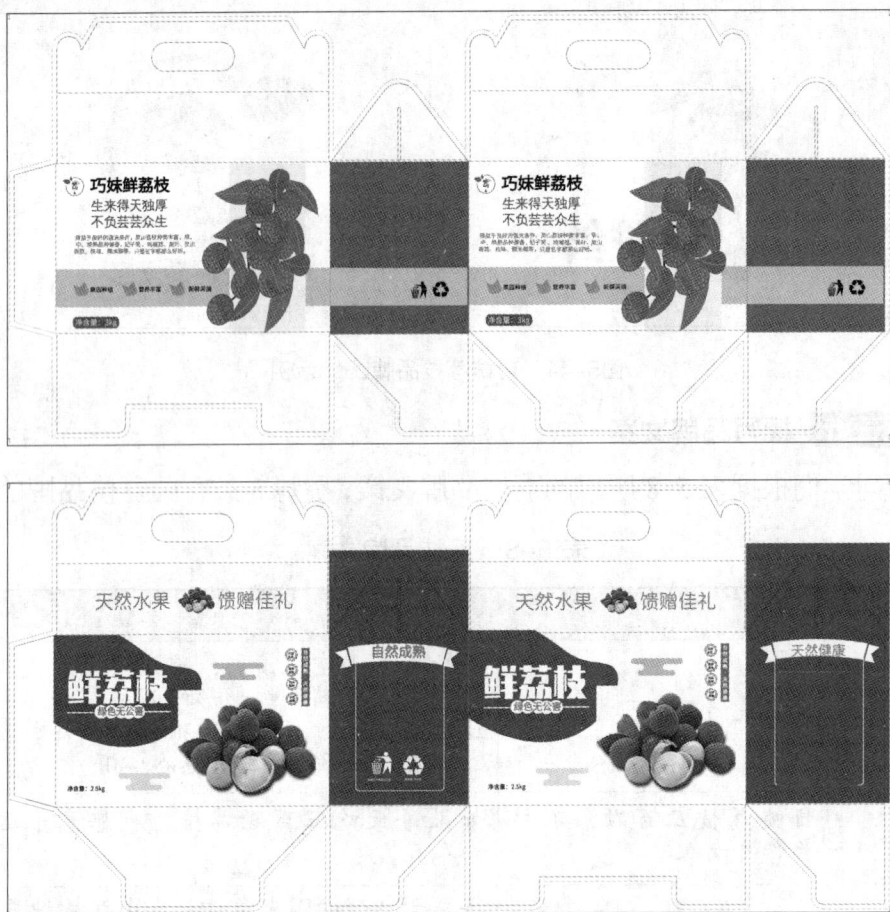

图5-42　巧妹荔枝品牌包装示例

💬 **实训评价**

同学们完成实训操作后，提交实训报告，老师根据实训报告内容，按表5-9所示的内容评分。

表 5-9　实训评价

序号	评分内容	总分	老师评分	老师点评
1	是否设计出个性、易于记忆和传播的品牌名称	20		
2	是否设计出彰显品牌特色的 Logo	30		
3	是否设计出有吸引力的品牌文案	20		
4	是否设计出展示品牌和商品特点的包装	30		

总分：_____

实训二 优化农产品供应链

实训描述

供应链是指产品生产和流通过程中所涉及的原材料供应商、生产商、分销商、零售商以及消费者等成员，通过与上下游成员的连接组成的网络结构。优化供应链是从消费者的角度出发，通过各成员的协作，谋求供应链的整体最佳化，进而为消费者提供更优质的服务。供应链的主要活动包括产品的开发和制造、产品的销售和配送、客户服务。

巧妹塑造荔枝品牌，需要优化荔枝产品的供应链。本实训要求同学们设计优化供应链的解决方案，为巧妹提供决策参考。

操作指南

请同学们结合本项目所学内容，收集整理资料，根据示例完成表 5-10。

表 5-10 优化荔枝商品供应链的方案

优化内容	解决方案
品质保证	示例：①获得农产品标识认证；②建立农产品溯源系统
供应商关系优化	示例：①选择优质农产品供应商；②建立稳定合作关系
仓储优化	示例：①寻找产地仓；②设置前置仓
物流配送优化	示例：①选择合适的配送模式；②选择一两家合适的物流公司
客户服务优化	示例：①提高客服服务的响应速度；②提升客服人员素养

实训评价

同学们完成实训操作后，提交实训报告，老师根据实训报告内容，按表 5-11 所示的内容评分。

表 5-11 实训评价

序号	评分内容	总分	老师打分	老师点评
1	产品品质保证方案的可行性	20		
2	供应商关系优化方案的可行性	20		
3	仓储优化方案的可行性	20		

续表

序号	评分内容	总分	老师打分	老师点评
4	物流配送优化方案的可行性	20		
5	客户服务优化方案的可行性	20		

总分：_____

项目总结

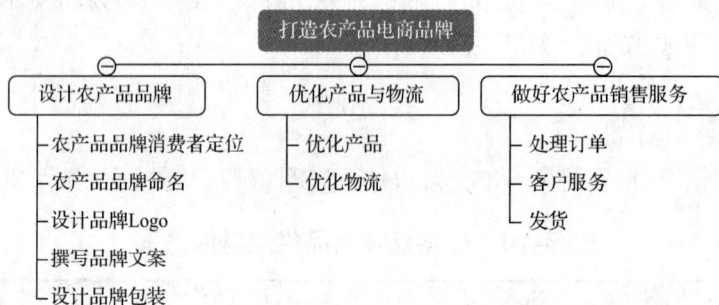

项目六

踏上农村电商
未来之路

情境创设

　　农产品电商业务走上正轨后，巧妹开始思考如何拓展业务，扩大网店规模，进一步进行技术开发和创新，提高市场占有率，进而增强网店的市场竞争力和适应能力。经过调查，巧妹了解到，农村电商发展到一定阶段后，可以开发农旅电商，将旅游业、农业和电商结合起来。一方面，旅游业可以带来人流量，激励当地农户发展旅游附加产业，包括水果采摘、土特产销售、餐饮、垂钓等；另一方面，电商可以激励农户扩大产业规模，农户还可以通过本地务工实现在家就业。

　　同时，农村电商各个产业的分工越来越细，产业协作也越来越完备。为实现可持续发展，巧妹未来还将助力打造本地农村电商生态系统。

学习目标

✈ **知识目标**

1. 熟悉农旅电商的开发模式。
2. 了解农村电商生态系统。

✈ **技能目标**

1. 学会分析成功的案例，因地制宜创新农旅电商模式。
2. 学会打造科学的、符合当地情况的农村电商生态系统。

✈ **素质目标**

1. 抓住一切学习或培训机会，掌握电商实用知识，提升电商应用能力和应用水平，拓展创业、就业渠道，为乡村振兴赋能。
2. 创业是一个漫长的过程，创业成功需要不断成长、寻求机会。

任务一 开发农旅电商

任务描述

巧妹打算开发农旅电商，首先参考了我国优秀的农旅电商成功案例，并分析了他们的农旅模式，然后开始探索农旅电商的开发模式。

任务实施

👤 活动1 分析成功的农旅模式

巧妹收集了以下的农旅电商案例，并对案例做出分析。

1. 江苏大丰恒北村的农旅模式

盐城市大丰区大中街道恒北村以盛产早酥梨闻名，是全国最大的早酥梨生产基地之一，有着40多年的早酥梨种植历史。全村大力发展生态旅游，建有梨园赏花、农家采摘、果品展示、科学加工、农家乐、民宿等旅游配套设备，2016年开始，该地通过市场化、社会化、特色化的招商引资，建设了恒北原乡温泉旅游度假村，集温泉民宿、农耕体验、户外拓展、休闲餐饮于一体，培育了"春有花、夏有绿、秋有果、冬有泉"的乡村旅游特色产业。

2. 山东临沂朱家林的农旅模式

临沂朱家林是山东省探索的首个国家级田园综合体，是独具特色的"创意型田园综合体"的代表。朱家林田园综合体位于岸堤镇西北部，这里四季分明、物种丰富、空气优良、山岭俊秀、田园旖旎、道路交通良好，具有典型的沂蒙山区特色，乡村旅游发展较快。

朱家林村建设了"二带二园三区"的农旅电商模式：二带即珍珠油杏经济产业带与有机小米经济产业带，朱家林村是国家地理标志农产品"孙祖小米"的主产区；二园即创意农业园与农事体验园，供城市居民、游客体验农事劳作，品味田间劳动的乐趣，促进田园综合体乡村旅游业的发展；三区即田园社区、创意孵化培训区、农村电商和加工仓储物流区，集加工区、物流运输区、仓储区、展览区、办公区、电商创业区、商务中心、信息中心等于一体。

3. 安徽巢湖三瓜公社的农旅模式

三瓜公社由安徽淮商集团和巢湖经济开发区合作打造。三瓜公社位于安徽省合肥巢湖市半汤街道，规划总面积 10 平方公里左右，包括半汤街道部分区域以及周边 10 余个村，重点开发南瓜电商村、冬瓜民俗文化村以及西瓜美食村。三瓜公社秉承"把农村建设得更像农村"的建设理念，运用"互联网＋三农"的运营模式，致力于打造一、二、三产业与农旅相结合的美丽乡村。

南瓜电商村主要从事产品开发、基地建设和农产品网络销售；冬瓜民俗文化村以综合性民俗博物馆、40 余个手工艺作坊、3000 余亩主题农业等为载体，挖掘、保护和传播农耕民俗文化；西瓜美食村通过建立 60 余家特色农家乐与80 余家风情民居民宿等做好周边产业承接并带富农民。

4. 陕西延川梁家河村的农旅模式

2015 年 5 月，陕西延川梁家河村成立乡村文化旅游发展有限公司，全村有400 多户村民，几乎每一户都有一个人在旅游公司上班，户户都能参与到农村旅游产业建设中，人人都可以享受农村旅游产业发展带来的成果。其做法如下。

首先，邀请专业旅游设计团队深入挖掘、整合全村体验性旅游资源，进行精心设计打造，形成一个科学规范、引人入胜的系列体验项目。例如，围绕知青窑洞参观、重走劳动山路、果园采摘、山岈鸟瞰、农田劳作、农家饭烹饪、窑洞观星等项目，形成一个套餐式旅游产品。

其次，提升服务意识。先前梁家河旅游从业人员大多数是本村村民，就其服务意识来讲，憨厚朴实有余，规范精细不够。因此，旅游公司对村民进行了系统化培训，不断增强村民的服务意识和服务能力。

最后，深化农业、服务业等行业之间的优化重组、整合集成、交叉互渗，使产业链条不断延伸、产业范围不断拓展、产业功能不断增多、产业层次不断提升，从而实现发展方式的创新，不断生成新业态、新技术、新商业模式、新空间布局等。

活动2　探索农旅电商的开发模式

农旅电商的实现形式包括文创特色旅游、田园养老旅游、观光旅游、度假旅游、户外探险旅游、教育旅游、亲子旅游等。每一种形式的开发模式如下。

1. 开发文创特色旅游模式

文创特色旅游模式可以通过某些特别的物品（老手艺、地方特色小吃）塑造虚拟的动漫人物形象，打造一系列产品，如明信片、木版画、抱枕等。可以在线上线下销售这些产品，也可以围绕产品策划主题营销活动，如以××形象为主题的摄影展、绘画展、主题亲子节目等活动。一些有条件的地方还可以引入AR技术提升游客体验，并在农家乐、酒店、休闲场所等地方投放24小时自动售货机，带动产品销售。

文创特色旅游不仅能带来收益，还能及时有效地提高农村的名气，但是一个缺乏特色文化的农村是留不住也吸引不了游客的。开发文创特色旅游模式最好通过本地的文创公司挖掘或打造特色文创。

2. 开发田园养老旅游模式

我国老龄化程度越来越高，田园养老也由此而生。

田园养老可以细分为疗养方式和纯生活方式。疗养方式适合病患人群，他们迫切需要一个慢慢调养身体的地方，对他们来说，只要空气好、环境好、食物好就可以了。纯生活方式适合已退休、不需要子女负担、有一定经济实力的人群，他们的消费能力普遍较高，注重生态环境建设、公共配套设施。这类人群人脉广、对接资源多，可以相互合作的空间大。

3. 开发观光旅游模式

观光旅游是旅游的一项基本活动内容，如欣赏自然景观和文化古迹、领略民俗风情等。消费者通过观光游览可以达到改变常居环境、增长见识、开阔眼界和愉悦心情的目的。

观光旅游模式在我国农旅电商中尚不成熟。例如，一些村庄依托一座小山丘，在周围建起数十家多功能酒店，农家乐基本上相隔百米一家，商业街两边的店铺少之又少，缺乏文化与内涵，这些已然偏离了观光旅游的路线。

观光旅游应以自身的文化为依托，纵向开展"生态＋观光"主题。一是，要有吸引人的地方，不管是人工修建的还是自然形成的，用一个个故事等形成"生态＋观光"的概念。二是，村民需要相互配合做好接待工作，突出农村文化内涵。例如，在农家乐中挂上一两幅反映农村面貌、家族文化等的字画，摆放木刻老式桌椅凳等。

开发观光旅游模式可借鉴"一村一景，一式一路，一帮一助"的思路。一村一景指一村一个特色景物，一式一路指一种经济模式带动一条致富之路，一帮一助指借助外来的资源帮手共同扶持帮助一个村庄。当然，这也需要村民们的共同支持与努力。

4. 开发度假旅游模式

度假旅游以休闲度假、体验山水为特点，让消费者在休息的同时能与大自然亲密接触，一般针对中高收入人群。一些有条件的农村应该依托好山好水，深入挖掘本地特色。亲近大自然、拥抱大自然是每个人的需求，空气清新、风景秀丽的农村更受都市人群的喜爱。

开发度假旅游模式可以将度假旅游与观光旅游相结合，打造一条集观光、度假于一体的农村旅游线路，以农村为中心辐射周围的景区，打造精品旅游线路。

5. 开发户外探险旅游模式

户外探险旅游适合喜欢探险探秘的人群，其项目可以为悬空栈道、攀岩、滑雪／滑草等。活动时间不宜过长，以便消费者在活动后可以留宿农家乐等。村民可以在农家乐内设置一些交流区，方便消费者互相交流心得。

6. 开发教育旅游模式

教育旅游以组织学生参与农村文化活动、体验农家生活为主，一般为农村采风、绘画摄影等。活动由村里或其他外来组织举办，目的在于记录与传播美好的农村景色、淳朴的民风民俗。

农村可开发具有特色的寓教于乐的教育旅游模式，以教学为资源举办活动，让学生吃住在农村，真切体会农村生活并有所收获。

7. 开发亲子旅游模式

亲子旅游是一种细分的、更注重培养亲子感情的旅游形式。其活动范围较小，一般局限于家长所在城市及附近所辖县市。

亲子旅游模式被多个乡村采用，主要依靠特色和孩子兴趣打造旅游项目。

　　商家应当抓住一切学习或培训机会，掌握电商理念、营销技巧、网店建设等电商实用知识，切实提升电商应用能力和应用水平，在创业、就业拓展渠道的同时，为乡村振兴赋能，借助电商进农村的建设契机，探索"互联网+农业+旅游"农旅电商新模式，助力开拓乡村振兴新路径。

任务二　探索农村电商生态系统发展之路

任务描述

　　农村电商生态系统不是电商生态系统的一个子系统，农村电商对基础设施、经济基础、人文地理等的依赖程度更高，且产业集群效应更明显，导致其整个系统的复杂性相对较高，因而是一个相对独立的生态系统。巧妹未来将积极投入本地农村电商生态系统的建设中。

任务实施

活动1　打造科学的农村电商生态系统

　　农村电商生态系统包含三大主体：农村网商（网商领袖、电商零售商）、商业基础设施（在线消费者、电商平台商、电商供应链合作商、第三方服务提供商）、政府。农村电商生态系统内部结构主体复杂，现阶段形成科学的组织形态是关键。根据农村经济社会发展碎片化的现状，打造科学的农村电商生态系统，可以采取园区、虚拟供应链网络、连锁经营、战略联盟等组织形态。

　　（1）园区。园区作为一种新型的组织形态，是集物流、商贸、流通加工、金融、培训等于一体的产业集群。通过建立农村电商产业园区，实现传统产业转型升级和集聚发展，形成区域性物流运营中心、信息交易中心、智能仓储中心、分拨配送中心、电商服务中心，可促进农村电商的快速发展、引导传统商贸与物流转型升级，形成流通引导生产的农村经济新模式。

　　（2）虚拟供应链网络。虚拟供应链网络即通过契约、合作等方式围绕电商供应链建立虚拟组织体系，吸收传统的商业要素，进入电商生态系统。

　　（3）连锁经营。农村电商短期内出现亏损，一个重要的原因是碎片化经营，销量太小。对此，可采用连锁经营的组织形态，一方面可以实现经营的规模化发展，另一方面也可以充分整合正在经营的农村超市。

（4）战略联盟。合作的各方通过合约或者以资金、实物或无形资产等出资，组建新经济实体或委托生产、特许经营等，实现利益共享、风险共担。也可以通过协会、商会等采取会员制，建立一定的组织形式，为合作各方提供信息、技术、培训等服务。

活动2　发挥农村电商生态系统各个组成部分的最大效用

在一个完整的农村电商生态系统中，农户、电商企业、电商平台、物流公司和政府等，以生产产品和提供服务为中心组成群体。群体中的组织和个人在这个电商生态系统中担当不同的功能，各司其职，但相互依赖、共生。在这一生态系统中，虽有不同的利益驱动，但身在其中的组织和个人互利共存，资源共享，注重社会、经济、环境综合效益，共同维持系统的延续和发展。农村电商生态系统中任何一个环节遭到破坏，任何组织和个人的利益被损害，都会影响整个农村电商生态系统的平衡和稳定，并最终损害系统中的每一个参与者。

1. 农户

农户以生产者和消费者的双重身份参与农村电商。作为生产者，农户为社会提供农产品，完成农产品的初加工和第一次产权转移。

农户进入农村电商行业具有一定的现实意义。农户对当地农村市场交易活动较为熟悉，过去没能自发形成电商经营模式，可能是因为农户不太了解电商行业，对互联网及其他移动设备不够熟知，对网络安全存在质疑，但农户是农村电商发展的根基。因此，政府与电商协会要重视农村电商基础设施建设，培训农户必要的网络操作技能，同时及时宣传与传授网络安全知识及防范措施，增强农户对网络安全的认识，从而积极引导农户加入农村电商行业，增加农户收入，促进农业发展，合理引导农户将产品销售与购买融入电商模式，真正做到对农户有利。

2. 电商企业

农村电商可持续发展的关键是电商企业。农村电商在运营平台、物流整合、加工等方面需要电商企业的配合，从而确保可持续发展生态系统的构建。电商企业要多关注消费者多样化和个性化的消费需求，运用C2B方式指导农户生产，把自身与农村发展联系起来，担负更多责任。

3. 电商平台

农村是电商平台较大的潜力市场。电商平台在拓展农村市场中可以获得多方面的收益，首先是提升平台知名度，可以让更多人了解电商平台；其次是增加平台收益，实现经济效益和社会效益的统一。

4. 物流公司

物流包括自营物流和第三方物流。自营物流要求有大量资金与相关关键性技术，相关电商企业要根据自身实力建立一定的自营物流，以避免临时性的物流需求，同时要加强同第三方物流公司的合作，不断汲取物流经验，减少货损率，提升经营效益。针对第三方物流模式不能被电商企业全程监控这一问题，第三方物流要改善服务理念，增加电商企业对物流公司的信任，从而为获取持续稳定的收益奠定基础。

5. 政府

政府除了保证市场在资源配置中起基础性作用外，还应充分发挥宏观调控的作用。一是加快农村互联网基础设施建设，特别是与电商相关的网络、物流设施建设；二是加大农村电商的宣传力度，推动电商创业；三是探索建立信息交换、联合执法、案件协作等制度，着力构建信息共享、协同监管、无缝衔接、综合治理的工作格局。

另外，政府要聚焦关键性电商发展节点制定有关政策，如物流、产品检测和加工服务等，应大力支持。这样做一方面可以推动农村电商发展，另一方面可以为农村留住更多的人才。此外，政府应积极推动电商平台进入农村，努力提高农村地区电子商务渗透率，逐步加强农户和市场对接，将电子商务作为激发农户自主经营的内生动力。

同步实训　农村电商创业思考

📋 实训描述

本实训要求同学们依托家乡的特色农产品，开展农村电商运营，进行农村电商创业思考。

✂ 操作指南

请同学们回顾、梳理本书讲解的内容，同时通过政府门户网站、农业信息网站，百度、微信、今日头条等平台搜集家乡的有关资料，构想出自己的农村电商创业思路，并填写表 6-1。后期，同学们可按照自己的构想，进行农村电商创业实践，在时间中探寻摸索，找到不足并及时调整方案，以开阔视野、锻炼电商实操能力，并拓展就业、创业渠道。

表6-1 农村电商创业思考

项目	思路
农村电商政策解读	重点收集本地农村电商政策：
农产品选品	一是明确选品的方向，二是明确具体的特色农产品：
开展网店运营	选择电商平台，可以是一个或多个平台：
新媒体营销	建立自己的新媒体营销矩阵，列出所选的新媒体平台：
设计农产品品牌形象	完成农产品品牌的设计，包括品牌的名称、Logo、文案和包装等：
优化产品与物流	从产品品质、供应商、物流配送模式和物流公司方面进行优化：
农村电商后期发展路径规划	探索农村电商规模化、创新化发展的路径：

素养小课堂

创业是一个漫长的过程，要想获得成功并不是一件容易的事。同学们自主创业时应利用所学到的知识、技术和培养的各种能力，在有限的环境条件中，努力创新，寻求机会，不断成长，创造价值。

实训评价

同学们完成实训操作后，提交实训报告，老师根据实训报告内容，按表6-2所示的内容评分。

表 6-2　实训评价

序号	评分内容	总分	老师评分	老师点评
1	农村电商创业思路是否合理	50		
2	农村电商创业方案是否具有可行性和实践性	50		

总分：＿＿＿＿＿＿＿＿＿＿

项目总结

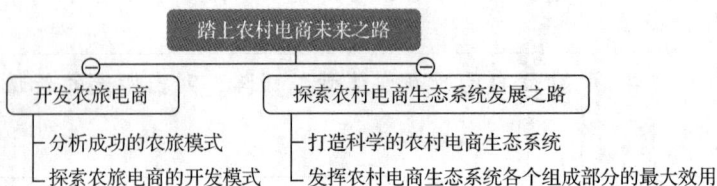